SEMIÓTICA E TOTALITARISMO

Conselho Acadêmico
Ataliba Teixeira de Castilho
Carlos Eduardo Lins da Silva
José Luiz Fiorin
Magda Soares
Pedro Paulo Funari
Rosângela Doin de Almeida
Tania Regina de Luca

Proibida a reprodução total ou parcial em qualquer mídia
sem a autorização escrita da editora.
Os infratores estão sujeitos às penas da lei.

A Editora não é responsável pelo conteúdo deste livro.
O Autor conhece os fatos narrados, pelos quais é responsável,
assim como se responsabiliza pelos juízos emitidos.

Os textos e as imagens reproduzidos neste livro estão de acordo com o item VIII do artigo 46 do capítulo IV da Lei n. 1610, segundo o qual não constitui ofensa ao direito autoral: "a reprodução, em quaisquer obras, de pequenos trechos de obras preexistentes, de qualquer natureza, ou de obra integral, quando de artes plásticas, sempre que a reprodução em si não seja o objetivo principal da obra nova e que não prejudique a exploração normal da obra reproduzida nem cause um prejuízo injustificado aos legítimos interesses dos autores."

Consulte nosso catálogo completo e últimos lançamentos em **www.editoracontexto.com.br**.

SEMIÓTICA E TOTALITARISMO

Izidoro Blikstein

editora**contexto**

Copyright © 2020 do Autor

Todos os direitos desta edição reservados à
Editora Contexto (Editora Pinsky Ltda.)

Foto de capa
Foto tirada no Levante do Gueto de Varsóvia, maio de 1943
(National Archives and Records Administration)

Montagem de capa e diagramação
Gustavo S. Vilas Boas

Preparação de textos
Lilian Aquino

Revisão
Daniela Marini Iwamoto

Dados Internacionais de Catalogação na Publicação (CIP)

Blikstein, Izidoro
Semiótica e totalitarismo / Izidoro Blikstein. –
São Paulo : Contexto, 2020.
224 p. : il.

Bibliografia
ISBN: 978-85-520-0172-0

1. Semiótica 2. Linguística 3. Totalitarismo
4. Análise do discurso I. Título

19-2796   CDD 401.41

Angélica Ilacqua CRB-8/7057

Índice para catálogo sistemático:
1. Semiótica : Análise do discurso

2020

EDITORA CONTEXTO
Diretor editorial: *Jaime Pinsky*

Rua Dr. José Elias, 520 – Alto da Lapa
05083-030 – São Paulo – SP
PABX: (11) 3832 5838
contexto@editoracontexto.com.br
www.editoracontexto.com.br

*A meus netos, Davi, Bianca e Pedro,
que me ensinaram a semiótica da vida.*

*Meus agradecimentos aos amigos da Editora Contexto
pelo apoio, fundamental para o nascimento deste livro.*

Sumário

Conversa com o leitor 9

O que é e para que serve a Semiótica? 17
Ferramentas semióticas 41
Desvendando o discurso político e corporativo 129
Nazismo, um modelo exemplar de totalitarismo 149
A invenção da "raça pura" 159
A função dos signos no exercício do poder totalitário 183
Primo Levi e a desconstrução semiótica
da identidade em Auschwitz 201

Bibliografia 219
O autor 223

Conversa com o leitor

Caro leitor,

Para apresentar este livro, vou começar contando como, a partir de um cenário aparentemente banal, fui descobrindo, pouco a pouco, o alcance da Semiótica e de que modo essa incrível ciência "detetivesca" pode ajudar-nos a entender o mundo em que vivemos.

Certa vez, andando pelas ruas da cidade, deparei com um intrigante cartaz publicitário com os dizeres:

> **90% de você é roupa:**
>
> **Valorize este espaço!**

À primeira vista, a mensagem era óbvia: devemos investir na roupa, pois ela tem a função de cobrir e proteger nosso corpo. Mas, ao reler o texto mais atentamente, perguntei-me se seria essa a única leitura: a roupa serviria apenas para cobrir e proteger nosso corpo? Pareceu-me, caro leitor, que o cartaz estaria nos dizendo algo mais sobre o significado da roupa. Resolvi aprofundar-me na análise do anúncio. Caminhando pela avenida e contemplando o enorme cartaz negro, pensei um pouco mais e percebi, num relance, que o sentido do texto ia muito além daquela primeira leitura. Com efeito, se o vestuário abriga a quase totalidade do corpo, devemos *valorizar* esse espaço, pois, além de proteger, a roupa pode não só revelar aspectos de nosso perfil (gostos, cultura, nível socioeconômico, profissão etc.), mas também ser útil para a construção de nossa aparência e, consequentemente, de nossa identidade. Portanto, ao escolhermos determinada peça do vestuário, podemos ter a intenção de comunicar um determinado significado sobre nossa imagem social (juventude, elegância, modernidade, poder aquisitivo, cultura, profissão etc.). A roupa – e, certamente, qualquer outro objeto – pode ter, enfim, significados socioculturais que ultrapassam sua função utilitária. Aí, ao adquirir tais significados, o vestuário, a exemplo de palavras, gestos, sons e imagens, passa a funcionar como uma autêntica ferramenta de comunicação e se transforma em *signo*. O termo *signo* – proposto pela Linguística e pela Semiótica – designa qualquer elemento sonoro, visual, olfativo, gustativo ou tátil que se torna portador de significados referentes a objetos, situações, sensações, experiências, enfim, a tudo que envolve nossa vivência no mundo.

É evidente que a comunicação seria impossível sem os signos que constituem, destarte, a matéria-prima da Semiótica, a ciência que estuda os signos e seus "parceiros" (sinais, símbolos e índices) que utilizamos na comunicação. Como bem salientou Roland Barthes, o talentoso semioticista, tudo pode virar *signo* (Barhes, 1971: 46-7); assim, um aparelho iPhone Apple pode significar que seu proprietário é jovem, moderno, inteligente e até "bem de vida".

– *Pois bem, e daí?* – poderia perguntar o atento leitor.

Vamos, então, satisfazer o leitor e mostrar aonde queremos chegar.

Partindo do princípio de que não só a roupa mas tudo pode virar signo, pensei na quantidade e na variedade de objetos, situações, ocupações etc. que nos envolvem – em maior ou menor escala, conforme o nível socioeconômico das pessoas – e fiquei procurando imaginar o tamanho do universo de signos em que vivemos. O leitor certamente sabe que, para nossa sobrevivência física, psicológica e social, os signos são indispensáveis para comunicarmos nossos desejos e necessidades. Embora pareça bastante óbvio, nunca será demais sublinhar que sempre devemos recorrer aos signos para indicar os infindáveis objetos e as situações que fazem parte do nosso cotidiano: casa, móveis, cadeiras, mesas, aparelho de TV ou tela de plasma, máquinas de lavar roupa e louças, forno micro-ondas, liquidificador, fogão, geladeira, freezer, celular, iPhone, notebook, pen-drive, aplicativos, Fortnite, cosméticos, fio dental, pasta dental, escova de dentes, escova de cabelo, barbeador, cremes, perfumes, carteira, bolsa (Louis Vuitton, se possível), gravata (Hermès, se possível),

11

carro, Waze, ônibus, metrô, escola, universidade, emprego, desempenho profissional, relacionamento social e familiar, atividades culturais e políticas, viagens etc. etc. etc.

O fato é que vivemos "afogados" em signos. Por isso, poderíamos propor a seguinte mudança na frase do cartaz publicitário:

99% de você é signo! Tenha consciência desse universo de signos e saiba como lidar com eles!

Meu entusiasmo pela Semiótica começou bem cedo. Estava concluindo o curso secundário quando um episódio me ajudou a definir minha carreira. Meu trabalho de análise das personagens de *Quincas Borba*, de Machado de Assis, fora elogiado por Dino Preti, exemplar professor de Língua Portuguesa. A razão do elogio devia-se ao fato de que pude interpretar o comportamento manipulador das personagens com base nos signos e índices habilmente desenhados por Machado de Assis. Já era uma iniciação à Semiótica. Animado com a avaliação do trabalho, decidi cursar Letras Clássicas na Universidade de São Paulo, o que me levou a ser contemplado com uma bolsa de estudos para fazer um doutorado na área de Linguística na Universidade de Lyon, na França. Durante minha estada na França, o interesse pela Semiótica foi tal que, ao retornar ao Brasil, ela se tornou o centro de minhas atividades de docência, pesquisa, orientação de teses, palestras, congressos e publicações. Vale observar que minha atração pela Semiótica foi estimulada por sua abrangente aplicabilidade nos vários campos das ciências humanas e nas áreas de atividades políticas, governamentais e corporativas. Mas o que me fascina e desafia no trato com a Semiótica tem sido sua competência em desvendar o que há por trás dos diversos tipos de discurso, sobretudo o discurso político e corporativo. Considerando a amplitude, a complexidade e a infinidade de temas que podem ser abarcados pela Semiótica, julguei ser indispensável apresentar ao leitor casos práticos de aplicação da teoria na análise e interpretação de alguns tipos de discurso. Foi inevitável, então, escolher determinados exemplos.

– *Quais tipos, qual o critério de escolha?* – poderia perguntar, com razão, o atento leitor.

O critério foi a relevância dos casos no atual contexto social, político e econômico. Julguei que seria pertinente tratar de casos que afetam diretamente a vida das pessoas. Sobretudo neste momento em que, no mundo inteiro, nuvens totalitárias começam a encobrir e turvar os horizontes da cidadania, pareceu-me mais do que oportuno demonstrar como o discurso corporativo e o discurso político podem constituir o suporte que justifique toda uma estratégia de dominação totalitária que suprime a liberdade, o diálogo, a diversidade, acentuando as desigualdades sociais.

Tais pressupostos me permitem explicar a organização deste livro, composto de sete capítulos. Preocupado com a aplicabilidade dos conceitos de semiótica, pareceu-me útil começar, no primeiro capítulo, com o relato de uma experiência assustadora que vivenciei, na qual as "ferramentas" semióticas tiveram um papel decisivo para ajudar-me a enfrentar uma situação aparentemente complicada. Por esta razão, no segundo capítulo, esclarecemos em que consistem e como funcionam as ferramentas semióticas. No terceiro, utilizei as ferramentas semióticas para analisar e interpretar o discurso político e o discurso corporativo, procurando demonstrar como eles – mais do que informar – podem ser manipulados para gerar um efeito favorável, ou melhor, uma imagem positiva, ética, transparente do comunicador ou da instituição que ele representa. Mas o que ocorre, em geral, é que esse discurso funciona de modo a "esconder" aspectos negativos mais do que "mostrar". A análise semiótica pode revelar como o discurso, em situações de crise, é articulado, em sua face "direita", para transmitir uma imagem de perfeição e de heroísmo, embora, em seu "avesso", tal discurso contenha os pressupostos típicos de uma narrativa autoritária, conservadora e discriminatória. O papel da Semiótica é desvendar esse "avesso". Para ilustrar, de modo cabal e irrefutável, como o discurso pode ser manipulado, a fim de criar narrativas que justifiquem a construção de um estado totalitário, dedicamos os quatro capítulos seguintes ao caso do nazismo, uma "escola" exemplar de totalitarismo... que não morreu com Hitler, seu líder máximo, mas continua, até hoje, bem viva e atuante. Nesses capítulos, o leitor poderá acompanhar a edificação do nazismo, começando pela fabricação de uma pseudoteoria da raça pura, suporte para a organização dogmática e vertical do estado totalitário, para as práticas de discriminação marcadas por um nacionalismo fanático e, no limite, para a eliminação das chamadas "antirraças", nos campos de concentração e de extermínio. A raiz desse processo singular foi o discurso, feito de palavras ou signos linguísticos, tal como podemos verificar em *Mein Kampf* (*Minha Luta*), a "cartilha" do totalitarismo nazista escrita por Hitler. A função das ferramentas semióticas foi detectar, por trás do discurso eufórico e vencedor, os dogmas racistas e totalitários alojados na face oculta desse mesmo discurso.

É fundamental que estejamos atentos ao verdadeiro significado do discurso, pois ele pode conduzir à supressão do outro, do diferente, do "antirraça", como bem advertiu Primo Levi, ele próprio sobrevivente do campo de concentração e extermínio de Auschwitz:

> Muitos, pessoas ou povos, podem chegar a pensar, conscientemente ou não, que "cada estrangeiro é um inimigo". Em geral, essa convicção jaz no fundo das almas como uma infecção latente; manifesta-se apenas em ações esporádicas e não coordenadas; não fica na origem de um sistema de pensamento. Quando isto acontece, porém, quando o dogma não enunciado se torna premissa maior de um silogismo, então, como último elo da corrente, está o Campo de Extermínio. Este é o produto de uma concepção de mundo levada às suas últimas consequências com uma lógica rigorosa. (Levi, 1988: 7)

O que é e para que serve a Semiótica?

"...começamos, pelo menos, a saber que vivemos entre os signos – e a apercebermo-nos da sua natureza e do seu poder."

Pierre Guiraud

Semiótica. Eis uma palavra que ainda desperta em muita gente um olhar de estranheza, quase sempre acompanhado de uma inevitável pergunta:

– O que é Semiótica? Para início de conversa, podemos dizer que Semiótica ou Semiologia (do grego *semeîon*, "signo", "sinal") tem como objetivo explicar a criação e o funcionamento dos vários sistemas de signos, sinais e símbolos utilizados por todo e qualquer grupo de indivíduos para a expressão e a comunicação de ideias, sentimentos, emoções, desejos e necessidades.

Até aí, tudo bem. Acontece que um intrigado leitor poderia indagar:

– Signos, sinais, símbolos, comunicação... tudo isso parece muito bonito... mas, afinal, para que serve a Semiótica? Qual a utilidade dessa "ciência" no mundo atual?

Bem, caro leitor, é oportuno observar, antes de tudo, que a Semiótica é fundamental para nossa sobrevivência física, psíquica e social. Veja, por exemplo, o que aconteceu comigo.

Um dia, numa tarde tranquila e ensolarada, viajava eu por uma estrada no interior do Brasil, quando, após uma curva, fui surpreendido por um aviso que me deixou confuso, sem saber o que fazer:

– Redutor?! Mas que diabo de redutor será esse? perguntei a mim mesmo.

A resposta obtive logo depois, com um violento solavanco do carro, que quase capotou ao passar rápido pelo *redutor*, isto é, um desses muitos obstáculos com que deparamos nas ruas e estradas e cuja função é justamente obrigar o motorista a reduzir a velocidade.

Ao parar no acostamento da estrada para refazer-me do susto, fui abordado por um homem, talvez morador da região, que, com um sotaque levemente estrangeiro, foi logo perguntando:

– Oi, doutor, tudo bem? *ieu p*osso *adjudar*? Algum problema? Está machucado? Sentindo alguma dor? O doutor está muito pálido... me desculpe... mas o senhor está com uma cara! Parece que viu assombração! Venha se acalmar um pouco aqui na minha venda, *ieu* faço *queston, pentru ca* o senhor está muito estressado. O doutor pode beber uma água fresquinha da mina, toma um café turco, daqueles bem reforçados, descansa um pouco, vai, desestressa que, depois, pode continuar sossegado a sua viagem. Ah! E não precisa se preocupar com o carro: o Xerife toma conta dele. Venha, doutor, *poftim*, minha venda é pobre, mas é limpa e acolhedora: ela está bem ali esperando o senhor.

Confesso que fiquei com medo de aceitar o convite. Sentia-me completamente perdido naquela estrada deserta. Tudo me parecia muito estranho e cheio de mistérios. Como é que esse "redutor" foi aparecer logo ali depois da curva? A gente sabe de tantos casos... não seria um golpe para assaltar-me? E, para tornar mais assustador esse cenário, eis que, de repente, surge assim do nada um desconhecido que, numa fala **arrastada e marcada por um irritante cacoete** – *ieu, ieu, ieu* – **ou palavras** incompreensíveis – *pentru, poftim*, oferecia-me coisas meio desconexas que, naquele momento, não faziam muito sentido para mim: água da mina, café turco, venda, Xerife... Era um sujeito esquisito, descabelado, olhos revirados como de um zumbi... não sei por que me lembrei da figura tenebrosa do Jack Nicholson, em *O Iluminado*, aquele inesquecível filme de terror de Stanley Kubrick.

Divulgação

Minha expressão de perplexidade não escapou ao interlocutor, que, piscando e revirando os olhos ininterruptamente, voltou a insistir no convite:

– Mas que cara é essa? Não precisa ter medo, doutor! *Ieu* garanto: ninguém vai fazer mal para o senhor, a gente não é bicho. Acalme-se... olha bem pra *mi*. *Ieu* tenho lá cara de bandido? Olha ali a freguesia na minha venda, todos batendo papo, bebendo, cantando, jogando bilhar, baralho... O doutor acha que se fosse para fazer alguma ruindade, a gente ficaria assim numa boa? Vai por *mi*, doutor. *Ieu* sei que o senhor levou um baita susto. Pois *cand* a gente fica estressado, o melhor remédio é um café turco bem forte. Presta atenção, doutor: não tem nada a ver com cafezinho brasileiro! *Ieu* estou falando do café turco, de verdade, mesmo! O senhor vai ver. Tomou uma caneca e o doutor ficou novinho em folha. Faça o favor, *poftim*, vamos lá para nossa vendinha, pode *vim* sem susto. Ah, desculpe, eu errei, doutor... não é *pode vim*, o certo é *pode vir*; *vim* é a primeira pessoa do pretérito perfeito do verbo *vir!* Me explicaram mil vezes isso nas aulas de português.

No entanto, todas essas amabilidades e até esse inesperado conhecimento gramatical não me deixavam tranquilo. Continuava com a pulga atrás da orelha, pois os argumentos do "dono" da venda poderiam facilmente ser virados pelo avesso e adquirir um sentido contrário ao que ele pretendia comunicar. Não era impossível que ele fosse mesmo um bandido e seus fregueses, embora estivessem "numa boa" lá na venda, poderiam ser, na verdade, um bando de capangas à espera do primeiro otário. Mas, pensei um pouco, seriam mesmo malfeitores ou tudo não passava de um delírio meu? O fato é que, cansado e atrapalhado como eu estava, talvez esse cenário tão sombrio fosse mais produto de minha confusa imaginação. Senti que eu devia acalmar-me e tentar saber o que estava realmente acontecendo. Mas fui percebendo, pouco a pouco, que só poderia entender a situação em que me encontrava se conseguisse decifrar os significados dos misteriosos e enigmáticos sinais que me rodeavam. A começar por esse indivíduo que, insistentemente, me cercava, oferecendo-me ajuda. Quem seria ele, afinal de contas? Pus-me, então, a observar atentamente alguns sinais mais visíveis do estranho homem da venda. Seu passo firme e seu vestuário – botas, calça jeans, blusa preta de gola rolê – indicavam um trabalhador ativo e determinado. Apesar do sinistro olhar de zumbi, parece que ele se empenhava em socorrer-me; tive de reconhecer que, pelo menos aparentemente, o convite foi gentil e sensato: talvez, de fato, valesse a pena tomar esse bendito café turco e relaxar um pouco para recuperar-me do trauma.

– Ok, disse eu. Obrigado pela gentileza. Mas, desculpe, é só uma paradinha para o café, estou atrasado.

– Está certo, meu *patron*, está certo. O doutor é quem manda. *Please, s'il vous plaît, prego, va rog, poftim, por favor*, vamos pegar esse caminho aqui pelo acostamento, vamos por essa trilha e... cuidado com o mata-burro! Bom, para *mi* não tem perigo porque *ieu* não sou burro... aliás, o doutor sabe por que se chama *assi*, né? Agora o senhor já deve ter avistado minha venda, aquele sobrado branco bem ali no morro. Ah! Desculpe, *Ieu* nem me apresentei. *Ieu* me chamo Mircea, mas ninguém consegue pronunciar direito esse nome. Na língua da minha terra, lá na *Ieuropa*, a pronúncia correta é *Mirtchea*. O pessoal aqui me chama de uma porção de nomes engraçados: Mitche, Michel, Mickey, Mica e até – veja só, doutor! – Micha. Micha parece nome feio, a gente logo pensa em *mixo, mixaria, mixar*. Mas *ieu* gosto que me chamem de Micha, porque me faz lembrar a *miche*, um pão que aprendi a fazer *cand ieu* estava na França, lá na cidade de Lyon, onde morei e fui feliz por muitos anos. Então, em homenagem à França, *ieu* fabrico, aqui na minha *brutarie*, a *micha*, que é um pão redondo, feito com uma mistura de diversas farinhas e *yel* é muito gostoso; tem gente que vem de longe para comprar. Mas não é só por isso que eu gosto de *Micha* e o doutor já vai entender por quê. Bom, já estamos chegando. Olha agora minha venda mais de perto, doutor. Que belo sobrado, não é? Era a casa-grande de uma antiga fazenda que *ieu* comprei. Ela me faz lembrar do maravilhoso *Casa-grande e senzala*, do Gilberto Freire. Parece um castelo, bem no alto, bem no topo dessa maravilhosa paisagem! Quando comprei a fazenda, tive um sério problema: como o terreno era muito íngreme, tinha muito deslizamento de terra. Aí o Xerife mandou fazer uns taludes e o terreno ficou firme. Agora, pra *mi*, isso aqui é um pedaço do paraíso! Pode acreditar, doutor, todo mundo, todos os viajantes, de longe, de bem longe, já enxergam a *Venda do Micha*. Vamos entrando, doutor. Ô, Xerife, toma conta direitinho do carro do doutor, hein?

Enquanto nos aproximávamos do sobrado, Mircea – ou melhor, Micha – gesticulava com entusiasmo, apontando o sobrado, o pomar cheio de árvores frutíferas, o jardim, as plantações...

COMENTÁRIO SEMIÓTICO

Nesse momento, fui assaltado por uma constatação perturbadora: como pode nossa percepção ser tão enganosa e como o sentido das coisas pode mudar tão radicalmente! Onde estava aquela figura ameaçadora que, de repente, surgiu na estrada, diante de mim? Agora, eu contemplava, estupefato, um cidadão afável, entusiasmado, viajado, experiente e empreendedor. E aquilo que parecia uma história de terror virou um conto de fadas! Como explicar tal transformação?

Na verdade, o que mudou de fato foi minha percepção, na medida em que fui investigando e descobrindo os possíveis significados dos sinais que tanta estranheza me causaram.

É exatamente aqui, caro leitor, que começa a Semiótica: é o momento em que, como um detetive, nos dispomos a descobrir ou, melhor ainda, a detectar os significados embutidos nos sinais, signos e símbolos, a fim de entendermos o mundo em que vivemos. É oportuno observar que *detectar* e *detetive* traduzem com precisão a tarefa "descobridora" da Semiótica: com efeito, os dois termos, formados a partir da raiz latina *tec*, "cobrir", significam, respectivamente, o "ato de des-cobrir" e o "des-cobridor".

Pois bem, leitor amigo, como havia muita coisa obscura para mim, resolvi, estimulado pelas descobertas que mudaram e até ampliaram minha visão, investir na aventura Semiótica e continuar detectando os significados dos sinais e signos que ainda se escondiam atrás do Micha.

Ao entrar na tão anunciada "Venda", pude desfazer mais um mistério: descobri que Micha dissera a verdade, quando deparei com aquela gente toda, alegre, ruidosa, espalhada pelo enorme salão, no balcão do bar, nas mesas, jogando baralho, batendo papo, disputando animadamente uma partida de bilhar...

Ao observar meu rosto tranquilo e sereno, Micha exclamou triunfante:

– Então, Doutor, não é tudo gente legal? Todos são fregueses e amigos que vêm aqui, no fim da tarde para... como se diz... para um *rapi aur*... Ah, vou pedir o café. É a minha mulher que faz o melhor café turco do mundo. Oh, Yelena, *poftim*, faz um café especial para o doutor aqui!

– Obrigado, Sr. Micha. Agora, se me permite, gostaria de dizer que o senhor contou coisas tão surpreendentes sobre sua vida que tenho muita curiosidade de conhecê-lo um pouco mais. Enquanto aguardamos o café, será que posso lhe fazer algumas perguntas?

– Claro, pode perguntar o que quiser! Mas, *poftim*, me chame só de Micha e deixe o "senhor" lá pro céu.

– Obrigado, Micha. Durante nossa conversa, eu ouvi muitas palavras estrangeiras, você contou um pouco da sua vida na França... Lá vai a primeira pergunta: o que é esse *poftim* que você repete o tempo todo? Que língua é essa?
– Ah, desculpe, doutor! Essa palavra está tão dentro de *mi* que não consigo evitar. *Poftim* é da língua romena e significa "por favor". Na hora de dizer *por favor* o que vem mesmo na minha boca é *poftim*. É uma palavra da minha infância, *ieu* ouvia sempre de meus avós, lá na Romênia.
– E eu pensava que você era francês... então, você é romeno?
– Sou... e não sou, doutor. Na verdade, *ieu* sou mesmo é da Moldávia, ou melhor, da Bessarábia, que é uma parte da Moldávia, que já fez parte da Romênia e se tornou independente com o fim da URSS. Mas a Bessarábia já foi da Turquia, passou para a Rússia depois da guerra com a Turquia em 1812, depois passou para o domínio da Romênia por volta de 1850, foi anexada à Rússia em 1939... opa! Estou vendo pela sua cara que o doutor não está entendendo nada! E não é para entender mesmo! Que confusão, não é? É difícil entender a história de meu país. Temos que ver o mapa da atual Moldávia. Ele está pendurado naquela parede ali; vamos lá, doutor, que *ieu* explico tudo direitinho.

Quando Micha se dirigia para o outro lado do salão, foi interpelado pelo Xerife:

– Seu Micha, desculpe entrar assim no meio da conversa, mas eu preciso muito falar com o senhor. É coisa séria.
– O que é que aconteceu, Xerife?
– É que eu dei uma olhada no gado e parece que tem muita vaca com tristeza.

25

— Tem certeza, Xerife?
— Acho que é tristeza mesmo. Esses últimos dias, estranhei que eles não comem nada, estão assim meio desanimados, o pelo arrepiado... sei não, seu Micha, é melhor aplicar logo aquela injeção forte.
— Isso é grave. Temos que dar um jeito agora! Ligue para o veterinário e peça para ele vir urgente, urgentíssimo, para examinar o gado! Desculpe, doutor, mas, assim que o veterinário chegar, tenho de interromper nossa conversa para dar uma descida lá no curral. Preciso ver como estão minhas vaquinhas.
— Claro, Micha, fique à vontade. Pode ir agora.
— Não, agora não adianta muito. Preciso ir lá com o especialista. Apesar de que o Xerife não erra. Ele tem muita experiência. Vamos continuar com a história da Moldávia e da Bessarábia.
— Quero muito entender essa história, Micha, mas estou com duas perguntas na ponta da língua.
— Então, pergunte, doutor.
— O que é tristeza do gado?
— Ora, doutor, é assim que o pessoal aqui chama essa doença. O povo diz: "o gado está triste". Se for olhar no dicionário, não vai achar: essas coisas a gente aprende na vida prática, com o povão do campo. Foi meu filho Stefan que me ensinou o nome científico e os sintomas da doença. Veja como são as coisas, doutor. O Stefan, esse meu filho, era um roqueiro da pesada, mas ele ficava sempre tão "encucado" com essa tristeza do gado que resolveu estudar; fez Biologia, Veterinária, especializou-se em Parasitologia, fez

mestrado, doutorado e agora mora nos EUA, trabalhando como professor e pesquisador. Meu filho, então, me explicou que essa tristeza é a *babesíase*, uma anemia profunda causada pela *babésia*, um bichinho parasita que é transmitido pelo carrapato. E o doutor sabe a origem da palavra *babésia*?

– Não tenho a menor ideia. Deve ser um nome inventado pelos pesquisadores.

– Olha, doutor, o senhor não vai acreditar. Meu filho me explicou. A origem é *Babes*, sobrenome de Victor Babes, cientista romeno da Universidade de Bucareste, que descobriu o parasita causador da tristeza do gado! Veja que mundo pequeno e quanta coincidência! O descobridor da causa dessa doença que tanto nos prejudica aqui é meu compatriota.

– Obrigado pela lição de Biologia e de Etimologia, Micha. Você também é descobridor. Você descobre o significado dos signos: isto é Semiótica.

– Não sei bem o que é isso... em todo caso, obrigado.

– Quer saber mais coisas?

– Sim, é claro! Por que o nome *Xerife*?

– Primeiro, gostaria de dizer que, usando aquela famosa expressão do grande Miguel de Cervantes, o Xerife é meu *fiel escudeiro*. Como Sancho Pança, ele está sempre a meu dispor, pronto para toda e qualquer tarefa. Ele era encarregado da segurança de um prédio em São Paulo. Um dia, enfrentou e pôs para correr um bando de vândalos que vivia fazendo muito barulho e depredando as casas do bairro. Sua fama de valente lhe granjeou um convite para ser o *xerife* do bairro.

Sabendo de suas qualidades, *ieu* o convidei para trabalhar na minha venda. Ele aceitou e está comigo até hoje. Este é o Xerife da Venda do Micha. E, por falar em *venda*, é assim que o pessoal fala: aqui ninguém usa *mercado*, **supermercado**, *shopping*, nada disso. É *venda* mesmo.

— O Xerife é, de fato, seu fiel escudeiro, pois parece que ele resolve ou ajuda a resolver todos os problemas. Ainda há pouco, você contou que, para impedir o deslizamento do terreno da Venda, o Xerife providenciou uns... como é mesmo o nome?

— Taludes, doutor. Não sabe o que é talude? Pois veja, nesta foto no alto da parede, os taludes: são rampas inclinadas cortadas, como se fossem degraus de uma escada. A inclinação desses taludes deve ser tal que garanta a estabilidade do terreno, evitando o desprendimento de barreiras. O doutor já deve ter visto muitos taludes aí pelas estradas.

Daniel Chavez Castro (CC-BY-3.0)

– É curioso. Nunca reparei neles. Devo ter passado por tantos taludes e confesso que nunca percebi. É estranho como a realidade depende de nossa percepção: se não "vemos" as coisas, é como se elas não existissem. Bom, mais mistérios desfeitos. Agora vamos ver o caso de sua terra natal, a Bessarábia... ou Moldávia.
– Bem, doutor, veja aqui estes dois mapas. Como lhe disse, a província da Bessarábia, que já foi da Turquia, da Rússia e da Romênia, corresponde, aproximativamente, ao atual território da Moldávia. Hoje, a Bessarábia/Moldávia fica entre a Romênia e a Ucrânia.

Mapas da Bessarábia/Moldávia

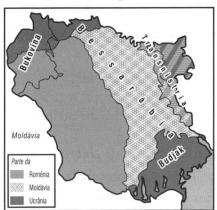 

– Outro mistério, Micha. Por que Bessarábia?
– Não tem mistério, doutor. É simples. A Bessarábia tem uma localização estratégica, pois servia de rota entre o Ocidente e o Oriente. Para a Rússia, a Polônia, a Romênia, os Bálcãs, o caminho para o Oriente passava pela Bessarábia. Como o doutor pode ver pelos mapas, no sul da Bessarábia/Moldávia fica o delta do Danúbio

que dá acesso ao Mar Negro, caminho para a Turquia e o mundo árabe. Daí o nome *Bessarábia*.

Nesse momento, Yelena, esposa de Micha, serve o tão esperado café turco. Saboreei o primeiro gole e achei delicioso.

– É um café forte, Micha. Tem um pozinho delicioso no fundo.
– Está aí, doutor, a prova da ligação da Bessarábia com o Oriente. Pois é este café gostoso que nos chamamos de *turco*.

Quando eu ia tomar o segundo gole, Micha foi abordado por um freguês:

– Amigo Micha, você pode me dar um *chibrit*. Vou fumar um pouquinho lá fora.
– Pois não, Nicolai, mas vai fumar lá fora, tá?

Diante de minha expressão de dúvida, Micha atalhou:

– Já sei. O doutor vai querer saber o que *chibrit*. Essa palavra é turca e significa "fósforo". A pronúncia é *quibrit*. Não podia haver melhor ocasião para meu conterrâneo Nicolai pedir o *chibrit*: justamente quando falava das relações entre a Bessarábia e o Oriente. Pois bem, há muitos termos de origem turca no vocabulário romeno. O doutor sabe, é claro, que o romeno é uma língua latina; apesar disso, o romeno tem muitas palavras de origem eslava, turca e grega. Mas vamos continuar com os mapas. Olhando esses mapas, doutor, parece que são lugares pacíficos, não é? Mas não é bem assim. Para chegar a essa geografia levou tempo, muitas guerras, muito sofrimento... *Ieu* nasci em Baltsi ou Beltsi, a segunda cidade mais importante da Bessarábia, cuja capital é Chisinau – a pronúncia é *Quichinau* –, que era a antiga Kishinev, onde houve um terrível *pogrom* lá por volta de 1900. Meus avós sempre falavam desse *pogrom*.

– E o que é *pogrom*?

– *Pogrom* é palavra da língua russa e significa "massacre", "destruição". De tempos em tempos, para demonstrar força e poder, o czar ordenava a realização de *pogrons* em regiões consideradas "estrangeiras" ou sem cidadania, como a comunidade judaica, por exemplo. O *pogrom* era de fato um massacre étnico. O doutor vê que a vida não era muito fácil por lá.

– Micha, você é uma enciclopédia! Vamos adiante. Quero decifrar outros enigmas. Gostaria que você me esclarecesse as esquisitices de sua fala: *ieu, iel, mi, cand, pentru ca, va rog, brutarie* etc.

– Ora, doutor, isso tudo é o romeno. Minha pronúncia é marcada pela língua materna. Algumas palavras estão enraizadas dentro de *mi*, mas é fácil saber seu significado:

- *Pentru ca* = "porque"
- *Cand* (escreve-se *cînd)* = "quando"
- *Va rog, poftim* = "por favor"
- *Brutarie* = "padaria"

COMENTÁRIO SEMIÓTICO

Como o leitor pode ter observado, a tarefa semiótica consiste, na verdade, em levantar o véu que encobre os muitos significados escondidos atrás dos sinais e signos. E é notável constatar que cada nova descoberta acarreta novos signos a decifrar. Ao levantar o véu que encobre Micha, verificamos que ele é um indivíduo experiente, de boa fé, trabalhador, de origem romena, da região da Bessarábia. Mas falta descobrir mais. Vamos continuar nossa aventura semiótica.

– Tenho mais perguntas, Micha.
– Vamos lá, *poftim*! Enquanto o veterinário não chega...
– Tudo indica que você é uma pessoa experiente, empreendedora e culta. Veio da Romênia, Moldávia ou Bessarábia, viveu na França, aprendeu o ofício de padeiro, veio para o Brasil, adquiriu uma fazenda que se tornou *A Venda do Micha*, um negócio de sucesso. Além desse espírito empreendedor, porém, você demonstra uma boa formação geral, interesses culturais e linguísticos, estuda português, emprega corretamente as formas *vir* e *vim*, investiga o significado das palavras – e até faz brincadeiras, como no caso de *mata-burro* –, leu Gilberto Freire, Cervantes, conhece História, Geografia, Biologia, origem das palavras... como você explica essa diversidade de interesses?
– Ah, doutor, aí *ieu* tenho que contar minha vida inteira! Esses interesses culturais e linguísticos decorrem de minha experiência de vida e de minha formação. Meu pai era um homem muito estudioso, conhecia várias línguas: o romeno, o russo, o alemão, o italiano, o francês etc. Ele sempre fazia comparações entre as línguas, preocupando sempre com a etimologia e o significado das palavras. *Ieu* só ficava ouvindo, ouvindo e aprendendo. Lembro-me bem quando ele me explicou a origem da palavra romena *bucatarie*, "cozinha": vem do latim *bucca*, "boca", porque a cozinha é o lugar onde se faz a comida para a boca.

Na França, trabalhei como padeiro, mas estudei também, fiz o curso de Direito e me formei advogado. Quando cheguei ao Brasil, ainda meio cru em português, apresentei-me como *jurisconsulto*, mas ninguém sabia direito o que era. Usei a palavra errada. Conforme um livro de Linguística que eu li, usei o código errado. Como meu diploma não foi reconhecido no Brasil, resolvi investir na profissão de padeiro, o que não me impediu de continuar estudando, lendo muito, pesquisando e me interessando por tudo: História, Geografia, Literatura, Linguística, Etimologia – investigando a origem das palavras, como meu pai – Antropologia, artes, cinema... aliás, por falar em cinema, o doutor sabe quem é esse magrelo, de olhos arregalados na foto desta parede aqui?

Divulgação

– Não, não sei, e era justamente essa a primeira de mais uma lista de perguntas que vou fazer sobre algumas fotos das paredes de sua venda. Quem é esse sujeito de olhos tão exorbitados?

– Já vou dizer. Antes, eu lhe perguntaria, doutor, se o senhor se lembra dos meus comentários sobre meu nome. Eu lhe dizia que gostei de *Micha* porque me fazia pensar no pão de *miche* que *ieu* aprendi a fazer na França e também me recordar de minha vida feliz em Lyon. Eu disse que havia, no entanto, outra razão para gostar de *Micha*. E a razão está aí nessa foto. Este é o grande ator Mischa Auer, que atuou em muitas comédias no cinema americano nos anos 1930 e 1940. Ele nasceu em São Petersburgo, na Rússia, em 1905, e morreu na Itália, em 1967. Seu nome era Mikhail Semyonovich Unskovsky, que ele adaptou para *Mischa* (diminutivo de Mikhail) e *Auer*, sobrenome de seu avô, o violinista Leopold Auer. Meu pai, fã incondicional do ator e de seu avô, me levava sempre para ver o grande Mischa Auer. Essa foto, devo confessar, é uma homenagem a meu pai.

Fiquei emocionado com a confissão de Micha. Quanta vida se esconde atrás de uma foto!

– Bem, Micha, estou satisfeito, ou quase, com seus comentários, explicações, verdadeiras aulas de História, Geografia, Linguística e até – por que não dizer – Semiótica. Você disse que não sabe o que é, mas você pratica Semiótica o tempo todo, na medida em que está sempre preocupado com significados de palavras, fotos, imagens. Posso confessar-lhe que, no início, você me assustava; depois, quanto mais aumentava meu conhecimento sobre sua pessoa, mais favorável era minha percepção. Mas, como eu lhe disse, não estou totalmente satisfeito. Minhas impressões positivas foram desfeitas pela foto que vejo ali, ao lado da padaria, ou melhor, a *brutarie*. Depois de tanta coisa boa que você me mostrou e me contou, pode me explicar o que faz o símbolo nazista em sua venda, seu Micha? Esta foto me deixou perplexo e indignado!

Antonio Gelis Filho

– Calma, doutor, calma. Me deixa explicar. Não é o símbolo nazista! Como eu poderia colocar esse símbolo em minha casa, depois de tudo o que meus avós sofreram na guerra? Esse é um antigo símbolo indo-europeu: *suástica* é uma palavra sânscrita e significa "bem viver", "boa sorte". É só olhar na internet e o doutor fica sabendo de tudo isso. É um símbolo tão forte que até hoje é adotado por empresas indianas, como é o caso da Scindia, a companhia de navegação indiana. Veja aqui este pôster com a bandeira da Scindia:

SEMIÓTICA E TOTALITARISMO

– E o que é aquele portão com a suástica, Micha?
– Aquela é a foto do portão de entrada do túmulo de Gandhi. A foto foi tirada por meu filho Stefan, quando esteve na Índia. Como lhe contei, o Stefan era um roqueiro da pesada. Depois ele entrou numa seita zen-budista e foi para a Índia. Gandhi é seu ídolo. Stefan me deu esta foto de presente. Essa suástica nada tem a ver com nazismo! O doutor não está pensando que Gandhi era nazista, não é? Posso estar enganado, mas acho esse caso da suástica é um prato cheio para a Semiótica, não?
– Você tem toda a razão, Micha. A correta interpretação dos símbolos é tarefa da Semiótica. Posso dizer que agora estou agradavelmente esclarecido. Vejo que o Xerife vem chegando com o veterinário. Pode ir, Micha, cuidar de seu gado. Obrigado pelo ótimo café turco e pela conversa. Vou continuar minha viagem. Como se diz "obrigado" em romeno?
– Em romeno, se diz *multsumesc*. Foi um grande prazer conhecê-lo e *multsumesc* por toda a sua amável atenção. Ah, *poftim*, cuidado porque, mais adiante, o doutor vai encontrar mais redutores. O senhor não sabia o significado de *redutor*? Todo mundo aqui sabe. Mas, como tem

36

muita gente de fora, eu sempre ponho na estrada o sinal tradicional: folhas e galhos espalhados para avisar aos motoristas que tem algum problema adiante na estrada.
- É muito estranho, Micha. Pensei que esses galhos caíram de uma árvore. Não entendi que fossem sinal de alguma coisa. Na cidade onde moro, nós só usamos o triângulo para avisar de alguma anormalidade na rodovia.
- É claro que conheço esse triângulo, doutor. Mas não uso porque ninguém enxerga. Prefiro os galhos que todos entendem e estão acostumados.

Percebi que estávamos diante de mais um problema semiótico. Era hora de continuar a viagem.

- Adeus, Micha. *Multsumesc*.

COMENTÁRIO SEMIÓTICO

Podemos dizer, caro leitor, que a Semiótica inteira está presente neste caso. Tudo começou com o desconhecimento do significado da placa *Redutor*. A partir daí, tive de enfrentar o permanente desafio de entender e interpretar corretamente os diferentes grupos de estímulos captados por minha percepção.

Vejamos o caso de redutor. Trata-se de um estímulo de natureza linguística, portador do significado "obstáculo para reduzir a velocidade dos veículos". O estímulo linguístico percebido pela visão é o que se convencionou chamar de significante, e "obstáculo para reduzir a velocidade dos veículos" é o significado. Estamos em presença da categoria básica da Semiótica: o signo, constituído de um significante e um significado. A relação significante/significado é estabelecida explicitamente por um consenso, uma convenção ou, mais exatamente, por um código. O conhecimento do código é a primeira condição para o correto entendimento das mensagens. Em nossa história, vimos que muitos signos não foram entendidos por desconhecimento do código, isto é, da relação significante/significado. Apenas como exemplo, podemos citar os signos da língua romena (*poftim, brutarie, pentru ca*), os signos da língua portuguesa (redutor, tristeza, talude) etc. O código é, pois, uma convenção explícita e intencional que regula e controla o significado dos signos.

Outra categoria semiótica é o caso dos galhos jogados na estrada para significar alguma anormalidade. Aqui, não temos a presença controladora do código, pois os galhos podem ser percebidos como resultados da queda de uma árvore e não como o significante de um significado "anormalidade". Trata-se de um sinal, isto é, um estímulo intencional para comunicar algo, porém não codificado. Para evitar entendimento incorreto, o código criou um signo: o triângulo vermelho é o significante, que, explicitamente, significa "anormalidade na estrada".

Além de signos e sinais, temos outra categoria semiótica, ilustrada pela suástica. Neste caso, trata-se de um símbolo, um tipo especial de signo que pode adquirir diferentes significados culturais. O significado do símbolo vai além do código e seu entendimento depende do conhecimento da cultura em que está inserido. Isso explica o conflito entre mim e Micha a respeito da presença da suástica na venda.

Cabe observar, entretanto, que as informações que pude colher não provieram apenas de signos, sinais e símbolos. Muitas informações resultaram da observação e da interpretação de manifestações espontâneas e não premeditadas do Micha. Assim, por exemplo, o revirar de olhos como de um zumbi levou-me a perceber Micha como uma figura sinistra, como o Jack Nicholson. Os comentários de Micha sobre História, Geografia, origem das palavras foram interpretados como uma demonstração de grande cultura. O sotaque marcado por cacoetes de pronúncia era um indício de que se tratava de uma pessoa de origem estrangeira. Ao dizer que a foto de Mischa Auer era uma homenagem ao pai, Micha demonstrou seu profundo amor pela figura paterna. Essas manifestações espontâneas, não premeditadas, não intencionais, que podem ser observadas e interpretadas – independentemente da vontade de seu autor – são os chamados índices ou indícios. Os índices, entretanto, podem ser manipulados; daí minhas suspeitas sobre as reais intenções de Micha nos primeiros momentos de nosso encontro:

> No entanto, todas essas amabilidades e até esse inesperado conhecimento gramatical não me deixavam tranquilo. Continuava com a pulga atrás da orelha, pois os argumentos do "dono" da venda poderiam facilmente ser virados pelo avesso e adquirir um sentido contrário ao que ele pretendia comunicar.

Poderíamos dizer que então que a tarefa semiótica se realiza por meio do entendimento correto de signos, sinais, símbolos e índices. Ocorre, porém, que outra condição deve ser preenchida. Com efeito, o entendimento de signos como tristeza do gado, *poftim*, Micha, Xerife, Bessarábia, talude etc. depende não só do conhecimento do código, mas também do contexto e da bagagem cultural que envolvem esses signos. Como disse Micha:

> *Poftim* é da língua romena e significa "por favor". Na hora de dizer *por favor* o que vem mesmo na minha boca é *poftim*. É uma palavra da minha infância, eu ouvia sempre de meus avós, lá na Romênia.

O entendimento de *poftim* envolve necessariamente o conhecimento da experiência de vida e da bagagem cultural de Micha. Essa bagagem é o que denominamos repertório.

Pelo visto, uma das condições indispensáveis para nossa sobrevivência é a prática permanente do exercício semiótico que consiste em decifrar os inumeráveis significados e sentidos de tudo aquilo que nos rodeia. Desde o mal-entendido com o sentido de redutor até a gradativa "descoberta" de Micha, a experiência que relatei parece mostrar bem, caro leitor, que, sem o conhecimento dos signos, sinais, símbolos, índices e repertório, é praticamente impossível nos relacionarmos e nos comunicarmos com o mundo à nossa volta. Graças ao manejo dessas "ferramentas" semióticas pude percorrer o caminho do desconhecido para o conhecido, do estranho para o familiar, do obscuro para o claro, do agressivo para o amigável, o que me possibilitou enfrentar uma situação aparentemente hostil e a ela sobreviver.

Eis, portanto, a resposta à pergunta inicial do leitor ("Para que serve a Semiótica?"): o exercício semiótico é absolutamente necessário para nossa sobrevivência física, psíquica e social. Por isso, veremos, no próximo capítulo, o que são e como funcionam as ferramentas da Semiótica.

Ferramentas semióticas

> *"A Semiótica pode erguer o véu que cobre nossos olhos, iluminando as causas ocultas de nossas ações por meio da leitura dos signos que as expressam...*
> *[...] Para a Semiótica nada é inocente..."*
>
> Jack Solomon, *The Signs of Our Time*

A DESCOBERTA DA SEMIÓTICA

Se, como demonstramos no capítulo anterior, nossa sobrevivência depende de um constante exercício semiótico, é oportuno lembrar, entretanto, caro leitor, que o manejo eficaz das ferramentas semióticas decorre de um longo e trabalhoso processo de aprendizagem que começa desde o nascimento. Assaltado pelos mais variados estímulos sonoros, visuais, táteis, olfativos e gustativos, o recém-nascido encontra-se, perplexo, num cenário confuso, deparando com um nebuloso emaranhado de ruídos, sons musicais, vozes, imagens, formas, cores, sombras, luzes, sensações táteis, fome, sede, sono, cólicas, contatos com a maciez e a dureza dos corpos e objetos (seio materno, mamadeira, chupeta), variações de temperatura etc. (James, 1890: 488; Dewey, 1910: 121; Lippmann, 2008: 84).

Tudo estranho, desconhecido e, sobretudo, sem significado, indecifrável.

Nessa primeira fase, o recém-nascido enfrenta, certamente, uma situação sempre precária, pois:

a. se for atormentado por fome, sede, sono, cólica ou algum outro tipo de incômodo, o bebê, num ato reflexo, reagirá automaticamente ao sofrimento com manifestações involuntárias, como choro, gemidos, gritos ou agitações corporais, cabendo aos adultos "adivinhar" o que significam tais manifestações;
b. nunca é demais salientar que aqui, obviamente, não houve comunicação, uma vez que comunicar é um ato voluntário e intencional que produzimos para *levar ao conhecimento* das outras pessoas – ou tornar *comum* – nossos desejos e necessidades, a fim de obtermos as respostas de que precisamos (Buyssens, 1974: 29; Blikstein, 2016: 31);
c. nesse caso, as manifestações automáticas e, inevitavelmente, involuntárias, como choro ou gemidos, são *índices* de uma determinada causa (Buyssens, 1974: 28) que podem – ou devem – ser observados e interpretados pelos adultos, a fim de, ao identificarem a origem do desconforto, prestar ajuda ao bebê;
d. para sobreviver, portanto, ele depende totalmente da assistência dos adultos;
e. acontece, todavia, que nem sempre as pessoas são capazes de oferecer o necessário amparo ao bebê, na medida em que não conseguem detectar o significado dos índices: os gemidos podem constituir índices de variados sofrimentos e dores: cólica, fome, sede, dor de ouvido e tantas outras causas.

Daí a precariedade da situação vivida pela criança nessa primeira fase da vida. Trata-se, justamente, da situação de *desamparo*, assinalada por Freud (1976). Aliás, esse desamparo vai se acentuando cada vez mais quanto mais complexa (e complicada!) se torna a vida, conforme o minucioso painel apresentado por Donald Norman em seu revelador *Living with Complexity* (Norman, 2011: 63-75). Por isso mesmo é que, em busca do indispensável amparo para sobreviver, o bebê começa a relacionar-se com esse perturbador cenário que nosso mundo – supostamente organizado e lógico – lhe escancara. Ajudada, em princípio, pela família, a criança vai passando do desconhecido para o conhecido, do estranho para o amigável, do desconforto para o confortável, do insosso para o gostoso, do agressivo para o amistoso, do doloroso para o prazeroso. A partir dessa gradual apreensão do mundo à sua volta, o bebê vai construindo um repertório de referências, ao perceber as funções e o significado de tudo o que vê, ouve e sente. Progressivamente, torna-se capaz de distinguir, por identificação ou diferenciação, os objetos que deseja ou rejeita. Ocorre, então, um primeiro salto em seu desenvolvimento. Ele "descobre" que, por suas naturais limitações, precisa interagir com o ambiente, a fim de conseguir a resposta a seus desejos. E, para obter a resposta esperada, essa criança deve... *comunicar-se*, isto é, tornar o desejo *comum* às pessoas que podem atendê-la. Embora ainda desprovido da fala, o bebê já começa, voluntariamente, a designar os objetos do desejo por meio de *sinais intencionais*: apontar, olhar e movimentar-se na direção das coisas desejadas, emitir sons (gritar, chorar, gemer, resmungar), espernear, fazer gestos e movimentos que estimulem o *observador* a perceber qual é o objeto do desejo. Agora, sim, caro leitor, podemos dizer que houve comunicação: ao apontar para o objeto desejado – mamadeira, água, celular, controle remoto, planta, brinquedo etc. –, a criança produz um gesto voluntário cujo significado, a ser entendido pelo observador, é: "Eu quero este celular".

É exatamente esta a primeira manifestação de natureza semiótica. Com efeito, ao recorrer a sinais para mostrar as coisas que deseja – apontar para um celular, por exemplo –, o bebê nos oferece uma autêntica amostra de como funciona uma ferramenta semiótica: o gesto de apontar consiste num estímulo visual que se torna um *sinal de comunicação* ao adquirir um *significado*. Mediante uma adaptação dos termos clássicos das teorias linguísticas e semióticas, o sinal pode ser assim ilustrado:

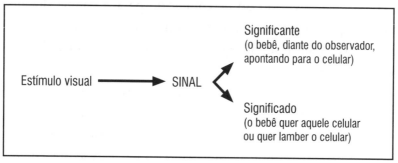

(Saussure, 1975: 99/2012: 107)

O esquema acima nos mostra que o sinal é composto de duas faces:

- **Significante** – é a face material, constituída por um estímulo visual (gesto de apontar).
- **Significado** – é a face conceitual, que se refere ao desejo do bebê.

Com essas duas faces, o sinal desempenha sua função de ferramenta semiótica ao viabilizar o ato comunicativo, por meio do qual o significante transporta o significado, tornando-o comum às pessoas a quem solicitamos uma resposta ou colaboração.

No desenvolvimento da criança, o sinal propicia alguns significativos avanços: de fato, diferentemente da fase de total dependência – em que as respostas eram reações não intencionais, involuntárias ou *índices* resultantes de atos reflexos –, agora, a criança já começa a revelar alguma autonomia, ao produzir, intencionalmente, *sinais* para obter ajuda dos adultos.

Fica evidente, então, que a diferença entre o índice e o sinal reside na *intencionalidade* (Buyssens, 1974: 28-9), visto que o índice (choro, gemidos) é uma resposta a atos reflexos e não implica vontade ou intenção de comunicar, ao passo que, no caso do sinal, a criança revela uma vontade, uma intenção em comunicar aos adultos seu desejo.

Pelo exposto, o sinal é a primeira ferramenta que desencadeia o ato comunicativo. É preciso, no entanto, observar que essa ferramenta não é suficiente para que a comunicação se realize plenamente. O problema é que, por mais intensa que seja a intenção do bebê em comunicar sua vontade, o significado do sinal não é satisfatoriamente claro e explícito, pois o significante – como o sinal de apontar para o celular, por exemplo – ainda não oferece todas as informações necessárias ao adulto para que este possa entender corretamente o significado do sinal. Percebemos que a criança quer algo com o celular, mas não sabemos exatamente se o gesto de apontar significaria que ela quer manipular o objeto, colocá-lo no ouvido, pressionar algum botão, lamber a tela, ouvir música, ver uma imagem etc.

Enfim, a despeito das dificuldades de interpretação de seu significado, o sinal cumprirá a função de comunicar aos adultos, ainda que parcialmente, os desejos e necessidades da criança, em seu primeiro ano de vida.

DO SINAL PARA O SIGNO

A realização plena do processo comunicativo vai ocorrendo, gradativamente, entre o segundo e o quinto ano de vida.

Nesse período, desenvolvem-se competências fundamentais para o crescimento da criança, a saber:

- conforme Seymour Papert nos propõe (Papert, 1980: VII), em seu iluminado *The Gears of My Childhood* (*Engrenagens de minha infância*), a competência primordial é a construção de um repertório de modelos mentais – especialmente o modelo linguístico – a que recorre a criança para saber como agir e o que fazer diante das variadas situações que deve enfrentar;
- percepção mais apurada e abrangente da função e do significado de tudo o que existe e acontece no ambiente;
- aptidão para produzir fonemas, isto é, sons distintivos, como **p** e **b**, em *pato* e *bato*;
- exercícios de formação de palavras e frases curtas.

Todos esses avanços culminarão na aquisição de uma competência exclusiva do ser humano: **a fala**. Gerada pelo modelo linguístico, a partir de uma estrutura sintática mínima (sujeito + verbo + complemento = "Eu quero o celular"), a competência da fala consiste na habilidade de juntar fonemas, formar palavras, frases e – apesar de ainda incipiente nessa fase – o discurso.

Mas é preciso ressaltar que a atividade da fala só é possível graças ao funcionamento da segunda ferramenta semiótica: **o signo linguístico**. Com efeito, a criança, repetidas vezes, vai percebendo que o adulto se refere a um objeto por meio de uma palavra. Assim, diante de uma criança, o indivíduo poderá dizer: "O celular! Achei!" Temos aí o exemplo de um signo de natureza linguística: o significante é o termo *celular* e o significado é o objeto, ou melhor, o conceito que formamos de um telefone celular. Pois bem, por presenciar esse episódio frequentemente, a criança acaba aprendendo que, se utilizar uma palavra (signo linguístico) – em vez de um gesto (sinal) –, talvez obtenha a resposta a seu desejo, uma vez que não deve haver a flutuação de significado que ocorre com o sinal. Se ela disser (como meu neto de 2 anos): "Qué falá ceulá", o adulto certamente entenderá que a criança "quer falar no celular", porque, no caso do signo, a relação entre o significante e o significado, diferentemente do sinal, é regulada por um consenso social, uma convenção ou, melhor ainda, um código (Blikstein, 2016: 49-50). Ao captar a palavra *ceulá*, o ouvinte vai entender que esse significante se refere ao significado *aparelho de telefonia digital*, pois o código (ou convenção) assim o determinou.

Controlado pelo código, o signo linguístico está mais aparelhado do que o sinal para conduzir-nos ao significado da mensagem. Por outro lado, como o significante é composto por fonemas que podem formar combinações geradoras de palavras e frases, é óbvio também que, nessas condições, o signo vai muito além de um gemido, um choro ou um gesto de apontar. Constituído, como o sinal, por um significante e um significado, o signo linguístico, porém, é equipado com três fatores diferenciais: o **código**, o **significante**, articulado em fonemas, e o **significado**, em princípio, explícito. Essa estrutura é ilustrada pelo seguinte esquema:

DO ORAL PARA O ESCRITO

Do quinto ano em diante, sucessivos encadeamentos de fatos de ordem fisiológica, neurológica, psíquica e social, aliados ao processo de aprendizagem na escola, vão contribuir decisivamente para a criação da terceira ferramenta semiótica: o signo linguístico **escrito**. Dentre essas ocorrências que a criança vai revelando, vale citar:

- considerável progresso da percepção auditiva e visual;
- persistência na interação e socialização com o ambiente;
- agilidade na expressão corporal e na locomoção;
- aumento relevante do vocabulário;
- melhoria na pronúncia dos fonemas (particularmente, os grupos de consoantes, como *-ct-*, em *impacto*, *-bs-*, em *subsídio* etc.);
- destreza no manejo dos signos linguísticos para a construção de frases;
- empenho em ouvir, observar e entender tudo o que ouve e vê;
- esforço por fazer-se entender.

Com todos esses avanços, a criança vai reparando, mais atentamente, que as pessoas estão lendo o tempo inteiro: leem jornais, livros, anúncios publicitários na TV, nos outdoors e, principalmente, as mensagens no Whatsapp, Facebook etc. Ao notar que as letras representam os sons da fala – ou fonemas –, ela começa a exercitar a pronúncia das palavras. Orientada pela escola sobre os códigos que regulam a leitura – pronúncia, pausas e entoação ditadas pela pontuação, regras gramaticais – e estimulada pelo ambiente, a criança passa a desenvolver exercícios de leitura de palavras, frases e textos, capacitando-se a manejar o signo linguístico oral.

Agora, caro leitor, estamos a um passo da terceira ferramenta semiótica: o signo escrito. De fato, com esses progressos, o aprendiz sente-se motivado a desenhar letras e "escrever" seu nome, os nomes dos pais, irmãos, cachorros, gatos e objetos, como podemos notar nestes desenhos de Bianca, menina de 5 anos, neta de uma ex-aluna minha:

Arquivo pessoal do autor

A partir do sexto ano, a criança começa a ser alfabetizada, assimilando os códigos que regem a escrita – regras gramaticais, ortografia, acentuação, pontuação – e tornando-se, progressivamente, habilitada a ler e a escrever, pois já consegue manejar as duas ferramentas semióticas: o signo linguístico oral e o signo linguístico escrito. Poderia parecer dispensável, caro leitor, mas nunca é demais lembrar que, tal como o signo oral, o signo escrito está sujeito ao código que governa a relação significante/significado. Sabemos que, sem esse controle, podem surgir, a qualquer momento e em qualquer situação, os "ruídos" de comunicação, causados por desconhecimento do significado do signo. Um exemplo bem comum desse tipo de ruído ocorreu com um taxista, amigo meu, que me perguntou o seguinte:

– Oi, professor! Tem um tempão que eu quero perguntar uma coisa para o senhor. Tava com uma coceira danada aqui no braço, fui pegar um remédio no posto médico, eles me examinaram e me mandaram um Whatsapp, falando que eu deveria consultar um de... dermi... como é que é mesmo o nome do cara? Deix'eu ler aqui direitinho no meu celular: ... sugerimos... taratatarata... um... derma-to-lo-gis-ta! É isso, professor! Que troço será esse?

Procurei acalmar o amigo:

– Fique tranquilo. Dermatologista é o médico que trata da pele. É bom marcar uma consulta. Pode ser uma alergia. O dermatologista vai receitar um remédio.

Traduzindo esse episódio em termos semióticos, podemos dizer que o termo *dermatologista* é o significante, e o significado é *médico que trata das doenças da pele*. Faltava ao taxista o conhecimento da relação significante/significado, estabelecida pelo código da língua portuguesa.

A exemplo do signo oral, o signo linguístico escrito pode ser assim representado:

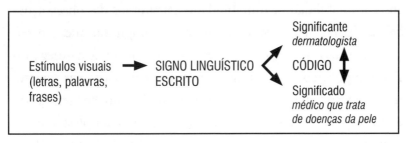

Após esse longo percurso de gradativos passos, do nascimento até a idade escolar, o ser humano já pode lidar, então, com três ferramentas semióticas:

- o sinal, de significado impreciso, pela ausência de código;
- o signo linguístico oral, de significado controlado por um código;
- o signo linguístico escrito, de significado também regido por um código.

O caro leitor poderia estranhar nossa insistência em assinalar sempre a intervenção do código. Na verdade, há uma razão para essa ênfase. É preciso reconhecer que, sem o código ou a convenção acertada pela comunidade, a comunicação seria impossível, pois a flutuação do significado inviabilizaria o entendimento das mensagens. Em suma, a função do código é manter a estabilidade do signo.

– Por quê? Afinal de contas, o signo não é estável? – poderia perguntar o atento leitor.

Boa pergunta. Sua intervenção, amigo leitor, nos oferece uma ótima oportunidade para apresentarmos uma perspectiva mais ampla do conceito de signo, visto que ele não é uma entidade estática, mas dinâmica, sujeita a um jogo permanente entre imutabilidade e mutabilidade. Partiremos das observações de Ferdinand de Saussure, o consagrado linguista, que, em seu clássico *Curso de linguística geral*, nos descortina a natureza do signo linguístico, começando por assinalar uma de suas características essenciais: "O laço que une o significante ao significado é arbitrário ou então [...] podemos dizer mais simplesmente: o signo linguístico é arbitrário" (Saussure, 1975: 100; 2012: 108).

O leitor pode ficar tranquilo, pois Saussure logo esclarece o uso do termo *arbitrário*: "[...] queremos dizer que o significante é imotivado [...]" (Saussure, 1975: 101; 2012: 109).

Em outras palavras, por nenhum motivo o significante *cão*, por exemplo, estaria *naturalmente* associado ao significado "animal canino", a não ser por uma convenção ou código. Em princípio, a relação entre o significante e o significado não é natural, mas sim convencional. O leitor pode verificar facilmente essa constatação. Basta comparar as diferenças entre os signos que designam "cão" em português, francês e inglês: *cão*, *chien* e *dog* são significantes que, graças ao código, se referem ao mesmo animal. Se essa relação convencional for respeitada, a mensagem será entendida. Daí, a advertência de Saussure: "[...] não está ao alcance do indivíduo trocar coisa alguma num signo, uma vez que esteja estabelecido num grupo linguístico [...]" (Saussure,1975: 101; 2012: 109).

Parece evidente, caro leitor, que o significado de um signo não decorre de nossa livre escolha, mas depende do código fixado pela comunidade. Se, todavia, o código for desconhecido, haverá, certamente, ruídos de comunicação. Graciliano Ramos, em *Infância*, ilustra, de modo contundente, como seu "grupo linguístico" o censura por mudar a relação significante/significado da palavra *pitomba*:

> Inculcaram-me nesse tempo a noção de pitombas – e as pitombas me serviram para designar todos os objetos esféricos. Depois me explicaram que a generalização era um erro, e isto me perturbou. (Ramos, 2008: 9)

O "erro" de Graciliano foi pensar que o significado do significante *pitomba* seria "objeto esférico", quando, na verdade, se trata de uma "fruta". Mas, de outro ponto de vista, não foi um erro, pois o menino Graciliano aplicou a lei da analogia: se a pitomba é um objeto esférico, então tudo o que é esférico deve se chamar *pitomba*. Esse "erro" indica como o signo está sujeito, a qualquer momento, a mudanças: a percepção inocente de uma criança, por exemplo, pode interferir na relação significante/significado. Esse caso nos mostra que a vigência do código pode esbarrar em diversos fatores de ordem física, psicológica e sociocultural.

É fundamental ressaltar que esse conflito entre tais fatores e a relação significante/significado não escapou à clarividência de Saussure, ao afirmar: "Uma língua é radicalmente incapaz de se defender dos fatores que deslocam, de minuto a minuto, a relação entre o significado e o significante" (Saussure, 1975: 100; 2012: 116).

Tal afirmação não invalida a ênfase com que Saussure sublinhava a arbitrariedade do signo e a relação convencional de significante/significado, estabelecida pelo código. O linguista, entretanto, revelou uma visão ampla do fenômeno linguístico, ao considerar a língua como um sistema eminentemente social e, portanto, sujeito a múltiplas intervenções de diferentes fatores.

Vejamos a natureza desses fatores "acompanhantes" e como eles podem interferir no funcionamento dos signos e na relação significante/significado.

SIGNOS, CÓDIGOS E FATORES "ACOMPANHANTES"
Relações sintagmáticas e paradigmáticas

Saussure formulou duas *dicotomias* (ou divisões), a fim de elucidar o processo de imutabilidade/mutabilidade dos signos:

- língua e fala (*langue/parole*) – a língua é o sistema abstrato e a fala é a realização concreta do sistema, o que acarreta transformações dos signos, causadas por fatores contextuais (contexto linguístico, tempo, local geográfico, cultura etc.);
- sincronia e diacronia – a língua é estável do ponto de vista sincrônico, mas é mutável do ponto de vista diacrônico, na medida em que absorve as mudanças que ocorrem no plano da fala (Saussure, 2012: 145-180).

É oportuno observar que, desde sua publicação, em 1916, o *Curso* suscitou diferentes leituras e interpretações sobre a dicotomia *língua/fala*. Para termos uma ideia dos desdobramentos desses conceitos saussurianos, basta consultar o alentado trabalho de E. F. Konrad Koerner, intitulado *Ferdinand de Saussure: Génesis y evolución de su pensamiento en el marco de la lingüística occidental* (Koerner, 1982).

Em meio a numerosos estudos e doutrinas relacionados às ideias de Saussure – o estruturalismo e, em especial, a gramática gerativo-transformacional, criada pelo linguista americano

Noam Chomsky (Chomsky, 1969) –, vale mencionar a esclarecedora análise de Eugenio Coseriu, o erudito e ponderado linguista romeno, que, a meu ver, soube ampliar a proposta de Saussure, iluminando o mecanismo das criações, inovações e mudanças que podem ocorrer com os signos linguísticos. Se a língua é o sistema e a fala é a realização concreta do sistema, Coseriu percebeu a necessidade de incluir um terceiro campo em que se localizam os usos linguísticos normais de uma comunidade, ou melhor, a norma linguística. Teríamos, então, três níveis:

- O sistema abstrato da língua (*langue*), abrigando as estruturas fonológicas, morfológicas e sintáticas, à disposição do usuário.
- A norma, conjunto de usos linguísticos "obrigatórios" de uma comunidade.
- A fala (*parole*), realização concreta do sistema da língua (Coseriu, 1959: 19-20; 1981: 317-27).

E é, portanto, na dimensão da **fala** que emerge toda a criatividade linguística, gerando mudanças e inovações no nível fonológico, morfológico e sintático. O exemplo flagrante dessas alterações é a evolução do latim para a formação das línguas neolatinas ou românicas (italiano, francês, espanhol, português, romeno, catalão, provençal etc.). Essa transformação ocorreu no plano da **fala**, uma vez que as línguas neolatinas originaram-se não do latim clássico, "policiado" rigorosamente pelas normas gramaticais, mas do latim vulgar, isto é, o latim popular, **falado** pelo povo – soldados, comerciantes, trabalhadores, escravos etc.; essa população foi ocupando os territórios conquistados pelo Império Romano na Europa, Ásia e África, impondo o seu falar aos povos subjugados, mas, ao mesmo tempo, recebendo a influência deles (Tagliavini, 1969). Surgiram, então, os falares que se estabilizaram, constituindo os sistemas linguísticos neolatinos ou românicos, conforme a região ocupada:

- espanhol, português, galego e catalão na península ibérica;
- romeno na Dácia;
- francês e provençal na Gália;
- italiano na península itálica etc.

— Mas... como se explica a permeabilidade dos signos da fala a mudanças e inovações? — poderia perguntar o atento leitor.

Bem, caro leitor, para responder a essa pergunta, começaremos por salientar um princípio que fundamenta a Semiótica e a Linguística: os signos não existem isoladamente, mas estão subordinados a um jogo permanente de relações, as quais se desenvolvem em "[...] duas esferas distintas... duas formas de nossa atividade mental, ambas indispensáveis para a vida da língua" (Saussure, 2012: 171). Uma "esfera" se refere à linearidade dos signos linguísticos. Com efeito, o celebrado linguista nos observa que, devido a seu caráter linear, os signos linguísticos "[...] se alinham um após outro na cadeia da fala...", formando combinações denominadas sintagmas (Saussure, 2012: 171). O sintagma consiste, então, na união de dois ou mais signos, o que leva à *expansão sintagmática* que gera, enfim, o discurso. Ocorre que, a qualquer momento da cadeia falada, os sintagmas podem ser interrompidos, alterados, ampliados ou reduzidos. Assim, em "Evocação do Recife", de Manoel Bandeira, depois de uma série de sintagmas que evocam sua infância, o poeta arremata suas lembranças, expandindo o significado de *Recife* com sintagmas que sugerem o desaparecimento da vida em torno da cidade, sobretudo, o vazio conotado pelo sintagma *casa de meu avô*, que parece indicar o sentido profundo do poema, a saber, *Recife = a casa de meu avô... morto*.

É o que o leitor poderá verificar nos seguintes versos finais do poema

> [...]
> **Recife...**
> Rua da União...
> **A casa de meu avô...**
> Nunca pensei que ela acabasse!
> Tudo lá parecia impregnado de eternidade
> Recife...
> **Meu avô morto.**
> Recife morto, Recife bom, Recife brasileiro
> como a casa de meu avô.
> (Bandeira, 2010: 83, grifos meus)

No plano da fala, portanto, a sequência linear é permeável a variadas combinações de sintagmas que possibilitam uma produção criativa de conotações dos signos.

Mas a permeabilidade a inovações é também incrementada pela "esfera" das relações associativas entre os signos, possibilitando intermináveis trocas ou substituições, tanto no plano do significante quando no plano do significado (Saussure, 2012: 174-5). Esse processo de troca de signos, partindo do modelo ou paradigma sintagmático – por exemplo, *sujeito + verbo + objeto direto* – foi realizado, com a habitual maestria, por Carlos Drummond de Andrade em "Quadrilha" (Drummond, 1967: 69). Drummond abre o poema com um paradigma sintagmático – *João* (sujeito) + *amava* (verbo transitivo) + *Tereza* (objeto direto); segue-se uma troca do sujeito e do objeto direto: *João* é substituído pelo pronome relativo *que* e o objeto direto dá lugar a *Raimundo, Maria, Joaquim e Lili*. É evidente que se forma uma cadeia de signos, ou melhor, de sintagmas, que reiteram a alternância do sentimento do amor de uma personagem para outra. Mas, no caso de Lili, essa sequência é rompida e a repetição do sintagma *que amava, que amava* etc. é quebrada pela negação que se insere "inconvenientemente" nesse mesmo sintagma: "*que não amava ninguém*". Ironicamente, o poeta já anuncia, por meio da ruptura do paradigma sintagmático *João amava Tereza*, que a vida tem planos diferentes dos nossos sonhos e projetos. Irrompe um novo modelo com sintagmas cujos verbos conotam os diferentes destinos de cada um:

> João *foi* para os Estados Unidos, Tereza [*foi*] para o convento, Raimundo *morreu* de desastre, Maria *ficou* para tia, Joaquim *suicidou-se* e Lili *casou-se* com *J. Pinto Fernandes que não tinha entrado na história.* (Drummond, 1967: 69)

A inserção desses verbos no sintagma modelo – sujeito + verbo + objeto – ilustra como se dá a expansão sintagmática e a subversão de significado do texto, pois a corrente amorosa da primeira parte é desfigurada por signos que conotam afastamento, isolamento, imobilismo, morte e aparecimento de uma estranha personagem cujo sobrenome evoca alguém voltado para finanças, comércio, empresas, mas... sem nome, apenas *J*.

Esse processo de seleção e substituição de signos no paradigma, com a formação de novos sintagmas, pode ser aplicado infinitamente, o que explica a produção interminável de sintagmas, frases, culminando com o discurso. Por essa razão, Roman Jakobson, o engenhoso linguista russo, denominou *relações paradigmáticas* tal tipo de relação. O ato da fala resultaria, pois, de duas operações:

- Seleção dos signos no "estoque" acumulado na memória dos paradigmas e, se couber, substituição dos signos existentes por aqueles que foram selecionados.
- Combinação dos signos em sintagmas (Jakobson, 1969: 89-90).

Mas o sempre atento leitor poderia questionar os exemplos de Bandeira e Drummond, alegando que se trata de signos escritos e não falados. Cabe esclarecer que a liberdade criativa da fala se estende aos signos escritos que são marcados pela oralidade, uma das características da arte contemporânea. Basta lembrar as criações sintagmáticas de Guimarães Rosa, todas marcadas pela oralidade, visto que o romancista procurou sempre observar e recriar a fala do sertanejo. Apenas como amostra da criatividade "oral" de Guimarães Rosa, citaremos um sintagma não dicionarizado, logo "inexistente" na norma linguística, com o qual o brilhante escritor descreveu o movimento de um bêbado que, depois de "andar de quatro", conseguiu levantar-se e: "depois *verticou-se*" (Rosa, 1968: 103). Imagino que o leitor deve ter entendido que o bêbado *levantou-se*. Embora seja "inexistente", esse sintagma constitui um signo de significado transparente para os leitores. Trata-se de, como bem pontuou Coseriu, "[...] palavras 'inexistentes' [...] na norma de uma língua, mas criadas de acordo com as possibilidades abertas do sistema" (Coseriu, 1959: 23).

Para saudar a criatividade linguística na arte literária, a partir de montagens inéditas de sintagmas, Roland Barthes citou a bela advertência do ousado poeta Valle-Inclán: "Infeliz daquele que não tem a coragem de reunir duas palavras que jamais foram juntadas" (Barthes, 1971: 74).

Guimarães Rosa teve essa coragem, pois agrupou signos "nunca antes juntados" e formou sintagmas "inexistentes", mas possíveis, conforme o sistema da língua, e, portanto, compreensíveis para o leitor ou ouvinte. Eis como foi montado o referido sintagma:

- *vertic* (de vertical) + *ou* (terminação verbal que indica ação) = *verticou-se* → tornou-se vertical, levantou-se

Em suma, o contexto linguístico, por meio das relações sintagmáticas e paradigmáticas, consiste num primeiro fator que interfere nas mudanças e inovações das ferramentas semióticas, sobretudo no plano da fala, pois essa representa um terreno permeável e livre, conforme a sábia observação de Coseriu, a respeito da utilidade da tripartição sistema/norma/fala, a qual poderia contribuir para:

> [...] esclarecer mais nitidamente o mecanismo da mudança linguística, que é, em primeiro lugar, *rebelião contra a norma, mas uma rebelião permitida pelo sistema, afirmação de liberdade expressiva do indivíduo contra as imposições da norma social e cultural*, mas de acordo com as possibilidades oferecidas pelo sistema. (Coseriu, 1959: 30; grifos meus)

Repertório

Para o manejo eficaz das ferramentas semióticas, o primeiro acompanhante a ser levado em conta é o *repertório*. Em que consiste o repertório? Vamos começar por uma observação demasiado óbvia: as pessoas não são iguais.

– E daí? Qual a novidade? Todo mundo sabe disso! – reagirá, com toda a razão, o leitor atento.

De fato, não é nenhuma novidade e todos sabem que as pessoas não são iguais. Todos sabemos desse lugar-comum, porém, quase sempre nos "esquecemos" de que somos diferentes: partimos do pressuposto de que os outros pensam como nós, partilham das mesmas ideias e sentimentos... quando, na verdade, não há duas cabeças iguais. Imaginamos que as ideias que estão em nossa mente também se encontram na mente de nossos semelhantes. Pura ilusão! Os pensamentos, sentimentos, emoções diferem de uma pessoa para outra, porque cada indivíduo vivencia, desde o nascimento, um conjunto de experiências que o levam à construção de um repertório próprio. O que vem a ser, então, o repertório? Todo indivíduo tem uma história de vida, uma educação, família: frequentou escola, clube ou igreja, viajou, casou ou não, leu, conheceu outros indivíduos, trabalhou em diferentes lugares, viu filmes, teatro, TV, aderiu à internet (Whatsapp, Facebook, Twitter), gostou de certos alimentos e detestou outros, adquiriu ou formou estereótipos sobre as pessoas. A partir dessa variadíssima experiência, cada um de nós vai criando uma porção de conhecimentos e referências históricas, geográficas, políticas, afetivas, profissionais, artísticas, científicas, místicas, religiosas etc. Forma-se, dentro de nós, uma complexa e vastíssima rede de referências, valores, conhecimentos, estereótipos e, sobretudo, **os modelos mentais** – tal como propôs Seymour Papert (1980: VII), alicerçados em **isotopias**...

– Opa! Alto lá! – brada o assustado leitor. – O que é isso? Pode me explicar, por favor!
– Calma, amigo! Eu explico.

A complexa e vastíssima rede de referências vai organizando-se em "eixos de significado" ou eixos semânticos que condicionam e conduzem nossa percepção, a fim de que possamos reconhecer aquilo que estamos sentindo, vendo ou ouvindo. Assim, uma pessoa alta, firme, ereta, rija é percebida como alguém poderoso e superior; por outro lado, um indivíduo baixo, curvado, trôpego e mole é visto como alguém frágil e inferior. O que sustenta a primeira percepção são os eixos semânticos ou isotopias da *verticalidade, dureza, superioridade, potência*; no segundo caso, a percepção é governada pelos eixos semânticos ou isotopias da *horizontalidade, tortuosidade, insegurança* e *moleza*. O termo *isotopia* originou-se do grego *isos* (mesmo) + *topos* (lugar) e foi adotado pelo semioticista A. J. Greimas para designar "o mesmo lugar semântico", isto é, um *eixo semântico* (Greimas, 1966).

Pois bem, como dizíamos, forma-se uma vasta e complexa rede de referências, valores, conhecimentos, estereótipos, reputação ou imagem moral (*ethos*) e, sobretudo, modelos mentais e isotopias (ou **corredores isotópicos**) que constituem o *repertório*, conforme o esquema a seguir:

REPERTÓRIO →

Modelos mentais	Eixos semânticos (isotopias ou corredores isotópicos)	Estereótipos Pressupostos Significados implícitos	Educação Estudos Formação escolar
Família Infância História de vida	Religião Política Cultura Ideologia Valores	Profissão Carreira Emprego Nível econômico	Internet Redes sociais digitais (Whatsapp, Facebook, Twitter)
Clube Amigos *Hobbies* Diversões	Viagens, filmes, livros, TV, música	Relações sociais e afetivas	*Ethos* (reputação, imagem moral)

Como o repertório molda e condiciona nossa percepção, ele funciona como um filtro ou, no dizer do filósofo Adam Schaff

(Schaff, 1974: 223; Blikstein, 2018: 61), verdadeiros "óculos sociais". Resulta daí que não vemos a realidade tal como ela deve ser: na verdade, percebemos a "realidade" já filtrada pelos "óculos" de nosso repertório. Pelo exposto, parece evidente que os repertórios e as percepções são, inevitavelmente, diferentes, mudando de indivíduo para indivíduo e de comunidade para comunidade. Assim, para um paulistano, que vive boa parte de sua vida sob um céu chuvoso e encoberto, a referência a *céu azul* pode despertar sensações bem agradáveis; para um habitante da caatinga nordestina, assolada pela seca, a expressão *céu azul* pode representar uma trágica referência, pois estará indicando ausência de chuva. É o que se pode observar, por exemplo, em *Vidas secas*, de Graciliano Ramos, no momento em que o vaqueiro Fabiano pressente a aproximação da seca:

> Encolhido no banco do copiar, Fabiano espiava a caatinga amarela, onde as folhas secas se pulverizavam, trituradas pelos redemoinhos, e os garranchos se torciam, negros, torrados. No *céu azul* as últimas arribações tinham desaparecido. Pouco a pouco os bichos se finavam, devorados pelo carrapato. E Fabiano resistia, pedindo a Deus um milagre. (Ramos, 1968: 147; grifos meus)

Como se pode observar, referências e conhecimentos diferentes levam, é claro, a repertórios diferentes e, consequentemente, a um modo diferente de percebermos o mundo, as pessoas e os acontecimentos. Repertórios diferentes levam a diferentes percepções e visões de mundo. Ora, a partir dessas diferenças de percepção, muita "areia" e muito ruído podem infiltrar-se na comunicação, emperrando o seu mecanismo e perturbando o funcionamento dos signos e do código. A mesma mensagem passa a ser descodificada de modo diferente por diferentes repertórios.

A descodificação, portanto, depende não só do conhecimento do código, mas também do repertório do indivíduo que recebe a mensagem. Esta deve ser uma preocupação constante do remetente: procurar conhecer bem o repertório do destinatário, sobretudo porque os modelos mentais e os eixos semânticos acabam por gerar pressupostos e significados implícitos nem sempre conhecidos por todos os membros de uma comunidade.

É imprescindível, portanto, para o manejo eficaz dos signos, como competentes ferramentas semióticas, que levemos em consideração o repertório, com seus pressupostos e significados implícitos.

Código fechado e aberto

Sabemos que, conforme a lição de Saussure, o signo linguístico é arbitrário e imotivado, uma vez que o laço entre significante e significado é convencional. Em consequência, qualquer sequência de fonemas ou letras pode virar um signo, desde que a relação significante/significado seja fixada pelo código. Tal controle é necessário para garantir a estabilidade do signo, a fim de que as pessoas entendam sempre o mesmo significado. Assim, a mensagem *"É proibido fumar"* só pode ter um significado. Estamos em presença de um **código fechado**, a saber, uma regra que determina um único significado, exigido pelo repertório do contexto sociocultural (hospital, aeroporto, escola).

Mas sabemos também que, como a língua é um fenômeno social, os signos estão sujeitos a variações e mudanças geradas: a) por diferentes repertórios e situações do contexto sociocultural; b) pelo fato de que a função do ato comunicativo *não é apenas informar*, pois, do ponto de vista semiótico, a comunicação tem, basicamente, a função de *criar um efeito* no receptor da mensagem.

Nessas condições, o código é **aberto**, possibilitando mais de um entendimento para o mesmo significado. É o que podemos constatar ao ler estes versos extraídos do poema "No meio do caminho", de Carlos Drummond de Andrade:

> No meio do caminho tinha uma pedra
> tinha uma pedra no meio do caminho
> tinha uma pedra
> [...]
> Nunca me esquecerei que no meio do caminho
> tinha uma pedra
> tinha uma pedra no meio do caminho
> no meio do caminho tinha uma pedra...
> (Drummond, 1967: 61-2)

Quando li o poema, experimentei um sentimento de já ter vivido a situação descrita pelo poeta. Estamos sempre perseguindo uma meta, um ideal, um sonho, mas não conseguimos alcançá-lo. A repetição nos comunica essa procura obsessiva. No entanto, a procura continua. A palavra *pedra* tem vários sentidos que vão muito além do significado literal: obstáculo, angústia, inimigo, beco sem saída.

O leitor poderá protestar:

– Você está delirando, Izidoro!

É provável, caro leitor. Mas estamos diante de um poema. É a arte literária. E a arte é capaz de comunicar sentimentos que, em geral, não conseguimos transmitir. Roland Barthes, o perspicaz estudioso do universo dos signos, na sua provocante primeira aula no Collège de France, nos observa que a ciência "[...] é grosseira, a vida é sutil, e é para corrigir essa distância que a literatura nos importa" (Barthes, 1980: 19). E Drummond nos possibilita entender um pouco mais de nossa condição humana. É um poema *aberto*, passível de múltiplas interpretações, como podemos comprovar com alguns exemplos de leitores:

- O poeta vê uma pedra no meio do caminho e fica repetindo a coisa igual papagaio...
- Inteligente pra uns, insano pra outros...
- Amo este poema. Fatos que me ocorreram...

O fato é que houve tantas críticas (favoráveis e desfavoráveis) que Drummond resolveu publicar tudo o que se escreveu sobre o poema num livro intitulado *No meio do caminho tinha uma pedra: biografia de um poema* (1967).

Tratando-se, pois, de um caso de código aberto, os poemas se inscrevem na categoria da *obra aberta*, a engenhosa classificação de Umberto Eco (1968).

É relevante destacar que a comunicação artística, ao explorar os signos *abertos*, cumpre uma das funções básicas do processo comunicativo: gerar um efeito no receptor da mensagem. E as reações ao poema de Drummond atestam perfeitamente esse objetivo da obra de arte.

Temos de acrescentar que o código aberto pode ser utilizado em situações em que o indivíduo não quer produzir mensagens claras, objetivas, sem ambiguidade. Pode ser o caso de alguém que, não desejando dar informações sobre o pedido de aumento salarial, esquiva-se com expressões vagas, não conclusivas:

> Tudo ok! Estamos analisando atentamente seu pedido de aumento...

Para o receptor da mensagem nada "*está ok*". Com signos tão abertos, o empregado deve ter perdido uma noite de sono.

Acontece, não raramente, que uma frase mal redigida produza significados "abertos" e ambíguos:

> Diretor de rádio da Itália fotografa Robinho batendo carro de sua janela na cidade de Milão.
> (http://www.radioitaliana.com.br/content/view/9793/58/)

Não entendemos nada! De fato, não sabemos o local de onde o diretor fotografou Robinho e como o jogador bateu o carro *"de sua janela"*.

Verificamos, então, que é preciso manejar bem as ferramentas semióticas e os acompanhantes – signos e código – para evitar ambiguidades e outros ruídos na comunicação.

Atenção! Aviso indispensável!

Antes que eu me esqueça, uma recomendação ao leitor: cuidado com o uso de códigos fechados: eles podem ser ferramentas úteis para o poder totalitário.

– Você deve estar brincando, não, Izidoro? O que código tem a ver com poder?
– Tudo, leitor preocupado!

Para termos uma ideia de como as ferramentas semióticas podem ser utilizadas num contexto totalitário, vamos apresentar – acompanhando as considerações de Roland Barthes sobre o papel desbravador da arte literária (Barthes, 1980: 19) – exemplos extraídos de dois livros seminais: *Alice através do espelho e o que ela encontrou lá*, de Lewis Carroll, publicado em 1871, e *1984*, de George Orwell, publicado em 1949. Trata-se de textos clássicos que abordam os mecanismos do totalitarismo.

Partindo do princípio de que, mediante um código ou convenção, tudo pode virar signo, não estranhe, caro leitor, o modo como, em *Alice através do espelho*, o bizarro Humpty Dumpty cria signos linguísticos e governa seu funcionamento, diante da perplexa Alice:

> [Alice] – Não sei o que o senhor entende por "glória"...
> Humpty Dumpty sorriu desdenhosamente:
> – Pois claro que não sabe... enquanto eu não lhe disser... Quero dizer que um de seus argumentos está destruído!
> – Mas "glória" não quer dizer "argumento destruído" – objetou Alice.
> – Quando eu emprego uma palavra – replicou Humpty Dumpty insolentemente –, *ela quer dizer exatamente o que eu quero que ela diga*; nem mais nem menos...
> – A questão é se o senhor pode fazer as palavras dizerem tantas coisas tão diferentes.
> – A questão é qual delas é a principal; isso é tudo.
> Alice, assombrada, nem podia falar; dali a um momento ele continuou:
> – As palavras têm um caráter; algumas... principalmente os verbos... são muito orgulhosas. Dos adjetivos você pode fazer qualquer coisa, mas não é assim com os verbos. Entretanto, *eu posso fazer delas o que quero!* Impenetrabilidade! É o que eu digo!
> – Quer o senhor ter a bondade de me dizer o que isso significa?
> – Ah! Agora você fala como uma criança de juízo! – disse Humpty Dumpty, muito satisfeito – Eu quero dizer... com a palavra "impenetrabilidade"... que já chega deste assunto e que seria justo que você dissesse também o que vai fazer agora, porque não creio que pretenda passar aqui o resto da vida.
> – Isso é muita coisa para uma palavra dizer – replicou Alice, pensativa.

> – *Quando eu faço uma palavra executar um trabalho extraordinário como esse, sempre pago à parte.*
> – *Oh! – disse a menina, que, de tão espantada, nem pôde fazer observação alguma.*
> – *[...] – Você devia ver quando elas vêm me procurar, aos sábados à noite, para receber seus ordenados...*
> (Carroll, 2007: 69-70, grifos meus)

A figura surrealista de Humpty Dumpty é uma metáfora de como funciona a mente totalitária: ele governa o significado dos signos com autoritarismo ou corrupção, a despeito dos protestos de Alice. A imposição e a fixação de determinados significados é o método para a construção de ideias fixas, clichês ou, melhor ainda, estereótipos (do grego *stereos*, "sólido"). Uma palavrinha sobre *estereótipo*, uma noção fundamental para entendermos problemas de Semiótica e suas consequências para o relacionamento humano. O termo designa, primeiramente, um molde compacto, usado na tipografia tradicional; por um deslizamento semântico, a palavra passou a significar "ideia pronta", "clichê". Os estereótipos vão incorporando-se ao repertório desde a primeira infância e contribuem para a formação dos *óculos sociais* (Schaff, 1974) que estão no trajeto entre nossa percepção e a realidade. Assim, não percebemos a realidade diretamente, mas sim uma imagem já estereotipada. Diante de uma colisão de carros, alguém poderá comentar: *"Vai ver que é mulher que estava guiando"*.

O mecanismo de formação de estereótipos em nosso repertório é realizado à perfeição em *1984*, de George Orwell. Em Oceânia, país fictício, Orwell descreve uma sociedade dominada pelo *Big Brother* (Grande Irmão), na qual os cidadãos, vigiados diuturnamente por espiões e equipamentos de televisão, devem obedecer rigorosamente a um conjunto de regras (absurdas, por sinal), sob pena de serem presos, castigados e até eliminados. Dentre as regras, há uma que se sobressai pela "originalidade": é proibido pensar, pois pensar é um crime. Essa regra é fixada na mente das pessoas por meio de um recurso linguístico que consiste na formação de um *sintagma*, a saber, um signo que resulta da união de dois outros signos; o sintagma – *porta-malas*, por exemplo – torna-se um signo independente dos signos que o formaram, assumindo um sentido próprio. Ele se converte num estereótipo verbal cujo significado é "sólido", isto é, não pode ser desfeito. Pois bem, a *novilíngua*, idioma concebido pelo governo da Oceânia, criou, com os signos *thought* + *crime*, o sintagma *thoughtcrime* (*pensamento* + *crime* = *pensamentocrime*). Pelo exposto, quem pensar estará necessariamente cometendo um crime. É um sintagma *fechado:* não pode ter outro sentido que não seja *"pensar é crime"* (Orwell, 2016: 40).

Por meio das ferramentas semióticas, o poder totalitário pode instalar-se desde a infância. Aliás, vale a pena mencionar as ideias sobre os efeitos dos estereótipos na infância, formuladas no livro *Whistling Vivaldi* (Assobiando Vivaldi), de Claude Steele, professor de Psicologia Social em Stanford, Columbia e Berkeley. Sabendo de meu interesse sobre o tema dos estereótipos, Paulo Blikstein, professor na Universidade de Columbia, falou-me sobre as experiências relatadas por Steele, em especial a razão do título. *Whistling Vivaldi* refere-se à estratégia de um menino negro que, para não ser visto como um marginal, assobiava músicas de Vivaldi, a fim de ser reconhecido como um músico e, portanto, "bom rapaz". Steele nos conta como ele próprio foi vítima de discriminação: voltando da escola, num dia de verão, foi advertido pelos colegas de que só poderia usar a piscina do parque às quartas-feiras, dia reservado para as crianças negras. Elas obedeceram à regra como se fosse algo "normal" ou "natural" (Steele, 2010: 1).

Como se vê, os estereótipos criados no repertório geram pressupostos e significados implícitos que são aceitos como "normais" ou "naturais", quando, na verdade, constituem estratégias discursivas que visam justificar preconceitos. Este é exatamente o caso do discurso nazista, como veremos mais adiante neste livro.

Vamos continuar analisando como o repertório, aliado ao contexto sociocultural, pode motivar a abertura do código e a produção de novos níveis de significado do signo. Trata-se de denotação e conotação.

Denotação, conotação, metáfora, metonímia, signo musical e sonoplástico

- **Denotação e conotação**

Para tratar de denotação e conotação, nada mais didático do que começar pela análise de Roland Barthes sobre a capa de uma revista francesa:

> [...] estou no barbeiro, me passam um número de *Paris-Match*. Na capa, um jovem negro, vestido com um uniforme francês, faz a continência militar, os olhos para o alto, certamente fixados na ondulação da bandeira tricolor. Isto é o **sentido** da imagem. Mas, ingênua ou não, vejo claramente o que ela me significa: que a França é um grande Império, que todos seus filhos, sem distinção de cor, servem fielmente sob sua bandeira. (Barthes, 1957: 201)

O texto contém exemplos bem nítidos de denotação e conotação.

A denotação é o primeiro nível de significado de um signo. Esse primeiro nível seria o significado literal, previsto pelo código. A conotação consiste no segundo, terceiro, quarto etc. níveis de significado que, sugeridos pelo repertório cultural da comunidade, podem ser – para usar a expressão de Barthes – "desencaixados" da denotação (Barthes, 1971: 95-97; Hjelmslev, 1971; Blikstein, 2017: 59-60).

A primeira parte do texto de Barthes é denotativa, pois consiste na descrição literal da imagem da capa:

> Na capa, um jovem negro, vestido com um uniforme francês, faz a continência militar, os olhos para o alto, certamente fixados na ondulação da bandeira tricolor.

Na segunda parte, no entanto, Barthes "desencaixa" as conotações, isto é, os sentidos que se sobrepõem ao primeiro nível de significado:

> [...] vejo claramente o que ela me significa: que a França é um grande Império, que todos seus filhos, sem distinção de cor, servem fielmente sob sua bandeira.

Como podemos notar, a "inocência" da capa da revista, no plano denotativo, é desmascarada pela conotação de que a postura hierática do soldado negro diante da bandeira só é possível por um consentimento da magnânima França.

- **Metáfora e metonímia**

Vale observar que a geração de conotações é propiciada pela abertura do código e esta, por sua vez, é desencadeada por dois recursos linguísticos – metáfora e metonímia – que podem produzir um efeito de sentido, tornando o signo mais atrativo para o receptor (Jakobson, 1969: 55).

A metáfora é o recurso que promove a transferência de significado de um signo para outro; o significado perde o sentido literal e adquire um sentido conotativo.

No poema "Evocação do Recife", de Manuel Bandeira, temos uma bela e comovente metáfora, quando o poeta relembra as brincadeiras de sua infância:

> Depois do jantar as famílias tomavam a calçada com cadeiras, mexericos, namoros, risadas
> A gente brincava no meio da rua
> Os meninos gritavam:
> Coelho sai!
> Não sai!
> À distância as vozes macias das meninas politonavam:
> Roseira dá-me uma *rosa*
> Craveiro dá-me um botão
> (Dessas *rosas* muita *rosa*
> Terá morrido em botão...)
> (Bandeira, 2010: 80-1, grifos meus)

Grifamos as ocorrências do signo *rosa*, a fim de ilustrar o percurso metafórico do significado, da denotação para a conotação:

- Ocorrência 1 – *Roseira dá-me uma **rosa**...*

Aqui, o signo *rosa*, numa primeira leitura, seria denotativo, pois teria o primeiro nível de significado, tal como consta nos dicionários: "Órgão vegetal da reprodução sexuada das plantas superiores" (Aurélio, 1999: 915, s. v.).

Entretanto, se notarmos com atenção, há um sutil deslizamento de significado que conduz o signo *rosa* para o nível conotativo, na medida em que as meninas não estão pedindo à roseira apenas a rosa vegetal, mas, metaforicamente, o *mimo* que seria oferecido por alguém (um eventual namorado?).

- Ocorrências 2 e 3 – *(Dessas **rosas** muita **rosa**
    Terá morrido em botão...)*

Nesses versos, o leitor poderá verificar como é dinâmica e mutável a relação significante/significado, pois o signo não funciona isoladamente, mas está comprometido com uma complexa rede de fatores oriundos do repertório e do contexto sociocultural. Agora, é a voz do poeta que lamenta o desaparecimento precoce das meninas. Observe o leitor que essa lamentação é construída com duas metáforas por meio das quais o mesmo signo *rosa* ganha duas novas conotações. No signo *rosas* (ocorrência 2), houve a transferência do significado *mimo* (ocorrência 1) para as *meninas*, que adquirem a conotação de *rosas em botão*. Na ocorrência 3, o signo *rosa* não é mais um *mimo em botão*, visto que acaba por assumir, metaforicamente, a conotação da morte precoce.

O processo metafórico não se esgota aí. Com elegância e delicadeza, Bandeira acentua o constrangimento em confessar o desaparecimento prematuro diante da vitalidade da meninice, colocando a metáfora da morte entre parênteses, seguida de reticências e atenuada por um hipotético futuro *terá*.

As conotações que perturbam o código fechado podem ser provocadas também pela metonímia. Trata-se de uma figura de linguagem que possibilita o uso de um signo em lugar de outro (ou outros) com o qual mantém uma relação de contiguidade. Na metonímia pode ocorrer, então, que um signo, que é parte de uma expressão maior, substitua a expressão toda. Assim, na frase *Gosto de Vinicius*, o signo *Vinicius* está em lugar da expressão *poemas e canções de Vinicius*.

Não só na arte literária, mas também na comunicação cotidiana a metonímia é muito utilizada. Um exemplo recente ocorreu comigo. Num elevador de hospital, ouvi a seguinte conversa entre dois médicos:

– E aí, tudo bem? Você parece cansado...

Depois de um longo suspiro, o outro desabafou:

– Você tem toda a razão. Estou muito cansado. Tive dois corações agora de manhã...

Esse médico utilizou uma metonímia: o signo *corações* estava no lugar do conjunto de signos (ou sintagma) *duas operações de coração*. A metonímia responde à lei da chamada economia linguística, segundo a qual podemos suprimir informações implícitas, por serem óbvias, e utilizar o signo principal.

Um cirurgião, em conversa com outro cirurgião, não precisa ser redundante; ao dizer *tive dois corações*, está implícito que ele procedeu a duas operações do coração. A metonímia é figura que suprime as informações redundantes e implícitas, mantendo o signo que contém a informação essencial.

Outra conversa de elevador que me parece um ótimo exemplo de metonímia.

No elevador do prédio onde moro, encontro duas vizinhas minhas mantendo um animado bate-papo. Uma delas carrega uma mala. A outra pergunta:

– Oi, tudo bem? Vai viajar, tirar umas férias, né?
A vizinha da mala responde:
– Que nada! Vou mudar de fogão...

Pensei com meus botões: "Que metonímia genial!"

De fato, caro leitor, essa mulher foi brilhante ao resumir sua vida inteira nessa metonímia. A frase *Vou mudar de fogão* contém, embutida, toda uma conotação implícita. Trata-se de uma dona de casa, "do lar", que viveu a vida toda trabalhando no fogão do apartamento, fazendo pratos deliciosos para marido, filhos, noras, netos, sobrinhos etc. Como a família ia passar os feriados numa chácara no campo, a dona de casa estava indo para lá, a fim de continuar seu trabalho no fogão. Ia de um fogão para outro, na mesma vidinha de sempre.

Em *Vidas secas*, Graciliano nos oferece um exemplo de metonímia e conotação que envolve a questão das diferenças de repertório entre Sinhá Vitória e Fabiano. A seca era implacável. Já não havia comida, o sol chupava os poços e, para piorar a situação do sertão, as arribações – aves que bebiam o pouco de água que restava – "queriam matar o gado", segundo a fala de Sinhá Vitória. Fabiano não entendeu a expressão da mulher.

> [...] Fabiano resmungou, franziu a testa, achando a frase extravagante. Aves matarem bois e cabras, que lembrança! Olhou a mulher desconfiado, julgou que ela estivesse tresvariando.
> [...]
> Como era que Sinhá Vitória tinha dito? A frase dela tornou ao espírito de Fabiano e logo a significação apareceu. (Ramos, 1968: 137-138)

O fato é que Fabiano não conseguia descodificar a metonímia e as conotações da frase de Sinhá Vitória. Quando "a significação apareceu", o vaqueiro pôs-se a desmontar a metonímia:

- As arribações bebem a água.
- A água desaparece.
- O gado não bebe água.
- O gado morre de sede.
- As arribações matam o gado.

Desfeita a metonímia, Fabiano "riu-se encantado com a esperteza de Sinhá Vitória. Uma pessoa como aquela valia ouro" (Ramos, 1968: 138). A frase de Sinhá Vitória ilustra claramente o processo metonímico. Ao compor *As arribações matam o gado*, Sinhá Vitória utilizou a parte pelo todo, isto é, o signo *matam* é uma síntese do processo inteiro, uma redução econômica de toda uma situação. O signo sintético causa um impacto em Fabiano e esse efeito é positivo, pois obriga o vaqueiro a pensar no significado conotativo da expressão. O signo metonímico indica, pois, uma percepção mais avançada.

Não posso deixar de citar um notável exemplo de processo metonímico, utilizado por Stanley Kubrick, inesquecível cineasta, quando compôs, em *2001 – Uma odisseia no espaço* (1968), a sequência de cenas em que o homem-macaco – "motivado" pelo misterioso monolito negro – descobre que um pedaço de osso pode tornar-se uma ferramenta para partir objetos e outras utilidades. Eufórico com a descoberta, o homem-macaco lança, para o espaço, o osso que se transforma em nave espacial. É uma sequência emocionante, pois em aproximadamente dois minutos, Kubrick descreve como o ser humano conquista o conhecimento: o homem-macaco se humaniza, ao levantar-se ereto e celebrar a descoberta da ferramenta. A iconicidade da cena é sublinhada pela trilha sonora da música "Assim falou Zarathustra", de R. Strauss. Essa primorosa sequência é construída por uma narrativa metonímica, em que o osso torna-se uma ferramenta e esta se transforma em nave espacial. Assim, como no caso de Sinhá Vitória – *arribações* **matam** –, Kubrick utiliza uma parte do signo para significar o todo: osso = ferramenta = nave espacial, conforme a sequência destas imagens:

Homem-macaco "descobre" a ferramenta e, euforicamente ereto, a lança para o espaço.

Divulgação

Divulgação

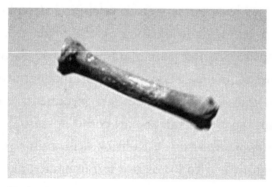

Divulgação

O osso navega no espaço até transformar-se em nave espacial.

Divulgação

- **O signo musical**

Mas, se o atento leitor tiver oportunidade de assistir ao filme – se é que não o viu! –, certamente perceberá que o impacto da sequência metonímica criada por Kubrick deve-se não só ao arranjo e à transformação dos signos icônicos, mas, sobretudo, ao retumbante efeito causado pelos signos musicais de "Assim falou Zarathustra". Tais acordes redobram a força das conotações que descrevem a passagem do homem-macaco para ser humano, no momento em que este descobre o conhecimento e se ergue, ereto, para atirar o osso para o espaço.

Como toda ferramenta semiótica, o signo musical compõe-se de:

- significante – sequência de sons ritmados;
- significado – produto de um amálgama de sensações, emoções, lembranças que **dependem do repertório do ouvinte** e, nem sempre, podem ser traduzidas por outros sistemas semióticos.

É oportuno lembrar, todavia, que, tal como o signo linguístico, os signos musicais não existem isoladamente, mas funcionam num jogo permanente de relações sintagmáticas e paradigmáticas. Para a construção da frase musical, o compositor tem de selecionar ou "inventar" sons e dispô-los linearmente numa sequência de sintagmas musicais. A criatividade do compositor depende justamente, de sua capacidade de escolher ou "inventar" sons e organizá-los numa certa ordem... ou desordem. Por isso é que o signo musical pode ser totalmente aberto e polissêmico, capaz de evocar uma infinidade de significados, nem sempre traduzíveis, uma vez que a música pode conduzir-nos até regiões bem profundas de nosso repertório, particularmente no nível do inconsciente. Para citar um exemplo pessoal, recordo-me de uma experiência marcante, ao assistir à execução da Sinfonia n. 1, de Gustav Mahler, pela Orquestra Filarmônica de Viena, regida pelo vibrante Leonard Bernstein. Não saberia explicar minha reação – talvez produto da relação entre meu repertório, a música de Mahler e o entusiasmo do maestro Bernstein –, mas o fato é que fui transportado para a aldeia de Bricevo – onde viveram meus pais numa comunidade judaica, na longínqua Bessarábia, região da Romênia. O leitor poderia ter (ou não) reações totalmente diferentes.

Com razão, observou o notável Aldous Huxley que a música é o que mais nos aproxima do inexprimível. Essa qualidade singular do signo musical pode justificar o anseio dos escritores em empenhar-se por uma "musicalização" dos signos linguísticos que compõem os sintagmas narrativos.

Exemplo notável de musicalização da narrativa linguística é o conto "Cantiga de Esponsais" do Machado de Assis. O protagonista dessa história é mestre Romão, assim descrito:

> [...] limito-me a mostrar-lhes uma cabeça branca, a cabeça desse velho que rege a orquestra com alma e devoção... Chama-se Romão Pires; terá sessenta anos, não menos... Quem não conhecia mestre Romão, com o seu ar circunspecto, olhos no chão, riso triste, e passo demorado? (Machado de Assis, 1952b: 61)

A melancolia de Romão dissipava-se, quando podia reger uma orquestra:

> [...] então a vida derramava-se por todo o corpo e todos os gestos do mestre; o olhar acendia-se, o riso iluminava-se: era outro. (Machado de Assis, 1952b: 62)

Terminado o espetáculo, ressurgia a tristeza de mestre Romão:

> [...] é como se acabasse um clarão intenso, e deixasse o rosto apenas alumiado da luz ordinária. Ei-lo que desce do coro, apoiado na bengala; vai à sacristia beijar a mão aos padres e aceita um lugar à mesa do jantar. Tudo isso indiferente e calado. (Machado de Assis, 1952b: 62).

Uma causa primeira da tristeza de mestre Romão residia justamente na sua dificuldade em musicalizar as sensações adormecidas em seu repertório:

> [...] trazia dentro de si muitas óperas e missas, um mundo de harmonias novas e originais, que não alcançava exprimir e pôr no papel. (Machado de Assis, 1952b: 63)

Atrás dessa causa primeira, outro motivo mais profundo bloqueava a criatividade de Romão. Comecemos por conhecer sua casa e sua vida íntima:

> A casa não era rica naturalmente; nem alegre. Não tinha o menor vestígio de mulher, velha ou moça, nem passarinhos que cantassem, nem flores, nem cores vivas ou jucundas. Casa sombria e nua. O mais alegre era um cravo, onde o mestre Romão tocava algumas vezes... (Machado de Assis, 1952b: 63)

A casa *sombria e nua* era um indício de uma ruptura grave com a vida. De fato, a felicidade conjugal de mestre Romão foi aniquilada com a morte da esposa.

Essa tragédia doméstica foi o pano de fundo que envolveu as tentativas frustradas de Romão para traduzir musicalmente seus sentimentos:

> [...] se pudesse, acabaria ao menos uma certa peça, um canto esponsalício, começado três dias depois de casado... A mulher, que tinha então vinte e um anos, e morreu com vinte e três, não era muito bonita, nem pouco, mas extremamente simpática, e amava-o tanto como ele a ela. Três dias depois de casado, mestre Romão sentiu em si alguma coisa parecida com inspiração. Ideou então o canto esponsalício, e quis compô-lo; mas a inspiração não pôde sair... (Machado de Assis, 1952b: 64).

Machado revela, então, a causa profunda da melancolia de mestre Romão: a criatividade do músico era tolhida pela dificuldade em traduzir os sentimentos em notas musicais que se destinavam a glorificar o amor conjugal:

> Quando a mulher morreu, ele releu essas primeiras notas conjugais, e ficou ainda mais triste, por não ter podido fixar no papel a sensação de felicidade extinta. (Machado de Assis, 1952b: 64)

Ocorre que mestre Romão adoeceu gravemente e, pressentindo a aproximação da morte, decidiu concluir, *"fosse como fosse"* (Machado de Assis, 1952b: 66), o canto conjugal dedicado à esposa, mas... não conseguia transformar em notas a sensação oculta. Eis que – ironia de Machado – o músico animou-se, ao avistar "na janela dos fundos de outra casa dois casadinhos de oito dias, debruçados, com os braços por cima dos ombros, e duas mãos presas" (Machado de Assis, 1952b: 66).

Romão empenhou-se em terminar o canto, a fim de que, pelo menos, o jovem casal pudesse conhecer e tocar a obra do músico. Mas as várias tentativas esbarraram sempre numa certa nota *lá*. Diante do impasse de Romão, Machado de Assis faz uma observação que toca à própria essência da criação musical:

> [Romão] [...] buscava *reaver um retalho da sensação extinta, lembrava-se da mulher, dos primeiros tempos*. Para *completar a ilusão*, deitava os olhos pela janela para o lado dos casadinhos. Estes continuavam ali, com as mãos presas e os braços passados nos ombros um do outro; *a diferença é que se miravam agora*, em vez de olhar para baixo. (Machado de Assis, 1952b: 67; grifos meus)

Ao tentar recuperar "um retalho da sensação extinta", mestre Romão está, na verdade, à procura do significado "inexprimível", oculto na região inconsciente do repertório. E o achado deste significado inexprimível não será feito por via racional, mas por um *insight*, um lampejo de percepção no plano das sensações: é justamente o que experimenta o jovem casal – e aí está a genialidade de Machado –, quando:

> [...] a moça embebida no olhar do marido, começou a cantarolar à toa, *inconscientemente*, uma coisa nunca antes cantada nem sabida, na qual coisa um *certo lá trazia após si uma linda frase musical*, justamente a que mestre Romão procurara durante anos sem achar nunca. (Machado de Assis, 1952b: 67-8; grifos meus)

Convidamos o leitor a verificar como foi traçado por Machado o caminho para a captação da sensação *extinta* – ou supostamente extinta. Como hábil semioticista, o autor vai indicando as pistas para descobrir o esconderijo da sensação que desencadearia a sequência da misteriosa nota *lá*: Romão tentava recordar-se "da mulher, dos primeiros tempos";

- o músico animou-se, ao perceber os "casadinhos de oito dias, debruçados, com *os braços por cima dos ombros, e duas mãos presas*" (grifos meus);
- os casadinhos "continuavam ali, com as mãos presas e os braços passados nos ombros um do outro; *a diferença é que se miravam agora*, em vez de olhar para baixo" (grifos meus).

Parece evidente que, não conseguindo colher inspiração nas lembranças dos *primeiros tempos*, Romão ilumina-se com *os casadinhos*... inutilmente, pois a sensação, *supostamente* extinta no músico, estava mais viva do que nunca, circulando no corpo inteiro dos *casadinhos*, nos ombros, nos braços, nas mãos, até desaguar no olhar, que não era *para baixo*, pois os dois *se miravam agora*.

Machado produz uma cena marcada por extrema sensualidade, utilizando uma expansão sintagmática por meio do alinhamento de signos cinésicos – que descrevem os movimentos de gradual aproximação dos corpos – e signos proxêmicos – que descrevem a proximidade total, por meio do olhar *embebedor* do marido. Alimentada por uma vibrante sensação erótica, a musicalidade irrompe num lampejo, com toda a energia eufórica do amor, impulsionando a moça a cantarolar, sem saber, *inconscientemente*, o tão perseguido *lá*, seguido de *uma linda frase musical*, tão sonhada por Romão.

Na verdade, quem descobriu o *lá*, é claro, foi Machado, ao nos demonstrar que é possível musicalizar o signo linguístico, pois parece que estamos ouvindo a moça, encantada com o olhar de seu amado, *cantarolar* a linda frase musical, trazida das profundezas da região inconsciente do repertório.

Ao traduzir o signo musical pelo signo linguístico, Machado de Assis penetra no *inexprimível*, cumprindo a tarefa suprema da semiótica: levantar o véu que encobre as causas inconscientes de nosso comportamento.

- **O signo sonoplástico**

A exemplo do signo musical, a função do signo sonoplástico – no cinema, no teatro, na TV etc. – é ilustrar sensações, emoções e lembranças. Assim, no filme *Janela indiscreta* (1954), de Alfred Hitchcock, um fotógrafo – imobilizado em seu apartamento, por ter fraturado uma perna – descobre que seu vizinho cometera um crime; percebendo que o fotógrafo sabia do delito, o assassino decide eliminá-lo. Cria-se, então, o típico *suspense* hitchcockiano: a sensação de medo é sugerida pelo ruído de passos no corredor do andar do prédio, indicando que o criminoso estava se aproximando do apartamento do fotógrafo. Por meio de uma cadenciada e crescente sonoplastia dos passos no corredor, Hitchcock consegue gerar uma insuportável sensação de terror.

É preciso observar, entretanto, que, como no caso do signo musical, o signo linguístico também pode produzir efeitos sonoplásticos. Mas é evidente que a sonoplastia linguística é fruto da competência e da criatividade do escritor. Vamos mencionar a concisão e a disposição dos signos sonoplásticos com que Graciliano Ramos, no romance *São Bernardo*, vai sugerindo, gradativamente, a tragédia que acometera Paulo Honório, o protagonista que, corroído de ciúmes, leva Madalena, a esposa, ao suicídio. Solitário, amargurado, cheio de remorsos, Paulo Honório resolve escrever um livro sobre sua vida. Após desistir muitas vezes do projeto, ele toma a decisão de iniciar a redação movido por um lacônico signo sonoplástico que evoca a lembrança de Madalena:

> Na torre da igreja **uma coruja piou**. Estremeci, pensei em Madalena.
> [...]
> Abandonei a empresa, mas um dia destes *ouvi novo pio de coruja* – e iniciei a composição de repente... (Ramos, 2013: 11; grifos meus)

Gostaríamos de enfatizar que:

- o foco da Semiótica não é o visível, mas o *inteligível*;
- o *pequeno* pode conduzir-nos ao *grande*.

– Não entendi nada! – pode reclamar o leitor.

Vamos esclarecer. A significação global de um discurso pode estar contida num pormenor, num detalhe, numa informação mínima. É o caso de uma judia alemã, sobrevivente da Segunda Guerra Mundial, que alegava ter boas relações com suas amigas alemãs (não judias), durante o período nazista, e completou, dizendo: "É bem verdade que não nos encontrávamos para tomar café..." Essa pequena frase, um detalhe apenas, revelava o avesso do discurso: não eram boas as relações entre judeus e não judeus. Decorre daí que o visível era falso e o verdadeiro estava no inteligível, isto é, na capacidade de perceber a real significação do discurso.

Voltando ao protagonista de *São Bernardo*, as duas rápidas, curtas, "pequenas" menções ao sonoplástico pio da coruja trazem à tona o significado global do discurso de Paulo Honório: o pio da coruja, na torre da igreja, evoca a aproximação entre Madalena e Paulo e, depois, a deterioração do relacionamento do casal, fruto das distorções de percepção e dos estereótipos que povoavam o repertório de Paulo Honário.

Verificamos, portanto, como a ferramenta linguística, manobrada de modo criativo e competente, pode funcionar como signo sonoplástico.

Procuramos demonstrar, pelos exemplos analisados, como o desempenho dos signos depende de repertório, contexto sociocultural, código aberto e fechado, denotação e conotação, metáfora e metonímia etc. etc. Vamos tratar ainda de outros acompanhantes de influência determinante no processo da significação. Quanta coisa, não, caro leitor? Por isso mesmo, acreditamos que deve ser bem-vinda uma pausa para digerirmos todo esse conteúdo e fazermos um exercício semiótico para avaliarmos a aplicabilidade dos conceitos expostos até aqui. Convidamos, então, o leitor para uma prática semiótica que consiste em explicar o funcionamento de signos nos principais diálogos entre Albertina, empregada doméstica, e seu patrão, personagens da crônica "Albertine Disparue" (Albertina desaparecida), de Fernando Sabino.

EXERCÍCIO SEMIÓTICO

Para facilitar a análise, grifamos trechos que serão comentados.

> Chamava-se Albertina, mas era a própria Nega Fulô: *pretinha, retorcida, encabulada*. No primeiro dia me perguntou o que eu queria para o jantar:
> – *Qualquer coisa* – respondi.
> *Lançou-me um olhar patético e desencorajado*. Resolvi dar-lhe algumas instruções: mostrei-lhe as coisas na cozinha,

dei-lhe dinheiro para as compras, pedi que tomasse nota de tudo que gastasse.
— Você sabe escrever?
— Sei sim senhor — balbuciou ela.
— Veja se tem um lápis aí na gaveta.
— Não tem não senhor.
— Como não tem? Pus um lápis aí agora mesmo!
Ela abaixou a cabeça, levou um dedo à boca, ficou pensando.
— *O que é lapisai?* — perguntou finalmente.
Resolvi que já era tarde para esperar que ela fizesse o jantar. Comeria fora naquela noite.
— Amanhã você começa — concluí. — *Hoje não precisa fazer nada.*
Então ela se trancou no quarto e só apareceu no dia seguinte.
No dia seguinte não havia água nem para lavar o rosto.
— O homem lá da porta veio aqui *avisar que ia faltar* — disse ela, olhando-me interrogativamente.
— Por que você não encheu a banheira, as panelas, tudo isso aí?
— *Era para encher?*
— Era.
— Ué...
Não houve café, nem almoço e nem jantar. Saí para comer qualquer coisa, depois de lavar-me com água mineral. Antes chamei Albertina, ela veio lá de sua toca espreguiçando:
— Eu tava dormindo... — e deu uma risadinha.
— Escute uma coisa, preste bem atenção — preveni: — Eles abrem a água às sete da manhã, às sete e meia tornam a fechar. *Você fica atenta* e aproveita para encher a banheira, enche tudo, para não acontecer o que aconteceu hoje.
Ela me olhou espantada:
— *O que aconteceu hoje?*
Era mesmo de encher. Quando cheguei já passava de meia-noite, ouvi barulho na área.
— É você, Albertina?

– É sim senhor...
– Por que você não vai dormir?
– Vou encher a banheira...
– A esta hora?!
– Quantas horas?
– Uma da manhã.
– *Só? – espantou-se ela. – Está custando a passar...*
– O senhor quer que eu arrume seu quarto?
– Quero.
– Tá.
Quarto arrumado, Albertina se detém no meio da sala, vira o rosto para o outro lado, toda encabulada, quando fala comigo:
– Posso varrer a sala?
– Pode.
– Tá.
Antes que ela vá buscar a vassoura, chamo-a:
– Albertina!
Ela espera, assim de costas, o dedo correndo devagar no friso da porta.
– *Não seria melhor você primeiro fazer café?*
– *Tá.*
[...]
– Albertina!
– Senhor?
– *Hoje vai haver almoço?*
– *O senhor quer?*
– *Se for possível.*
– Tá.
Fazia o almoço. No primeiro dia lhe *sugeri que* fizesse pastéis, só para experimentar. *Durante três dias só comi pastéis.*
– Se o senhor quiser que eu pare eu paro.
– Faz outra coisa.
– Tá.
Fez empadas. Depois fez um bolo. Depois fez um pudim. *Depois fez um despacho na cozinha.*

89

– *Que bobagem é essa aí, Albertina?*
– Não é nada não senhor – disse ela.
– Tá – disse eu.
E ela levou para seu quarto umas coisas, papel queimado, uma vela, sei lá o quê.
[...]
Finalmente o *dia da bebedeira*. Me apareceu bêbada feito um gambá, agarrando-me pelo braço:
– Doutor, doutor... A moça aí da vizinha disse que eu tou beba, mas é mentira, eu não bebi nada... O senhor não acredita nela não, *tá cum ciúme de nóis!*
Olhei para ela, estupefato. Mal se sustinha sobre as pernas e começou a chorar.
– Vá para o seu quarto – ordenei, esticando o braço dramaticamente. – Amanhã nós conversamos.
Ela nem fez caso. Senti-me ridículo como um general de pijama, com Albertina dependurada no meu braço, a chorar.
– Me larga! – gritei, empurrando-a. Tive logo em seguida de ampará-la para que não caísse: – Amanhã você arruma suas coisas e vai embora.
[...]
Tranquei a porta da cozinha, deixando-a nos seus domínios. Mais tarde soube que invadira os apartamentos vizinhos fazendo cenas. No dia seguinte ajustamos as contas. Ela, já sóbria, mal ousava me olhar.
– Deixa eu ficar – pediu ainda, num sussurro. – Juro que não faço mais.
Tive pena:
– *Não é por nada não, é que não vou precisar mais de empregada, vou viajar, passar muito tempo fora.*
Ela ergueu os olhos:
– *Nenhuma empregada?*
– *Nenhuma.*
– *Então tá.*
Agarrou sua trouxa, despediu-se e foi-se embora.
(Sabino, 1973: 176, grifos meus)

COMENTÁRIO SEMIÓTICO

- A primeira questão a ser considerada é a flagrante diferença de repertórios.
- O patrão é um indivíduo de classe média; sua vida é regulada pelo repertório e pelo contexto sociocultural da classe média: valores, nível econômico, formação, crenças (ou não), moradia, regras, horário, organização, alimentação, higiene e hábitos típicos de um morador da cidade.
- Albertina, certamente, é de uma classe menos favorecida, inserida num contexto sociocultural marcado pela pobreza, carência de recursos, instrução precária, crenças próprias de seu repertório, percepção diferente de regras, organização doméstica, horário, alimentação, higiene etc.
- Repertórios tão diferentes desencadeiam, inevitavelmente, ruídos de comunicação.
- Os ruídos resultam do funcionamento inadequado do código aberto.
- A inadequação se deve ao fato de que o patrão se comunica com Albertina por meio de signos abertos, partindo do pressuposto de que os significados implícitos, que estão na sua mente, são conhecidos também por Albertina. Tal pressuposição está errada, pois para cada mensagem aberta Albertina lança "um olhar patético e desencorajado", demonstrando que não entendeu a mensagem, porque seu repertório desconhece o que está implícito.
- É o que sucede com as seguintes mensagens do patrão:
    - *Qualquer coisa...*
    - *Hoje não precisa fazer nada.*
    - *Por que você não encheu a banheira, as panelas, tudo isso aí?*

91

- *Você fica atenta...*
- *Não seria melhor você primeiro fazer o café?*
- *Hoje vai haver almoço?*
* Para o repertório de Albertina, *qualquer coisa* são signos sem significado. Quando *o homem lá da porta veio aqui avisar que ia faltar [água]*, faltou para a empregada o pressuposto de que, nesse caso, seria preciso encher de água a banheira, as panelas etc. Albertina não percebeu sequer a ironia da pergunta *Hoje vai haver almoço?*, haja vista sua reação: *O senhor quer?*. Ela não consegue também captar o sentido implícito das frases *Hoje não precisa fazer nada* (ela entende que não deve fazer nada mesmo) e *Você fica atenta (*Albertina entende que é necessário ficar acordada a noite inteira).
* Mas é preciso assinalar que o patrão também não é capaz de entender o repertório de Albertina, visto que considera *bobagem* o *despacho* feito na cozinha pela empregada.
* Apesar das dificuldades de compreensão (*O que é lapisaí*), de sua expressão corporal "retorcida", da bebedeira, do despacho, Albertina tem o discernimento de perceber o significado afetivo na relação com o patrão. Em seu estado de embriaguez, ela não deixa de comentar que a vizinha *tá cum ciúme de nóis*.
* E para apurar como a Semiótica pode ajudar-nos a desvendar a complexidade e os mistérios do relacionamento humano, basta observarmos os signos da cena final.
* Diante da insistência de Albertina em continuar no emprego, o patrão, condoído, usa uma estratégia discursiva para consolar a empregada, embora os signos

não correspondam à verdade; ele quer, de fato, é escapar do constrangimento de, ao despedi-la, passar a imagem de mau patrão:

– Não é por nada não, é que não vou precisar mais de empregada, vou viajar, passar muito tempo fora.

- Nessa frase, constatamos que o significado de superfície nada tem a ver com o avesso do discurso do patrão, pois, na verdade, ele está dizendo que:
    - não há nenhum motivo para despedir Albertina (*não é por nada não*), mas há muitos motivos;
    - não vai precisar mais de empregada, mas no avesso do discurso ele vai precisar;
    - vai viajar, mas não vai viajar e nem passar muito tempo fora.
- Apesar de "retorcida e encabulada", Albertina é capaz de detectar se, nas entrelinhas do discurso do patrão, não estaria havendo alguma "traição". Ela sabe que a verdade está no avesso do discurso, mas ficaria aliviada em *não saber*. Albertina utiliza, então, a mesma estratégia discursiva do patrão. Aí, ela se transforma, ao perguntar:

– Nenhuma empregada?

Pela resposta do patrão, veremos que essa pergunta tem dois lados:
- o lado direito ou da superfície, cuja conotação é o desejo de continuar no emprego e não ser "traída";
- o lado avesso, cuja conotação é a certeza de que haverá outra empregada.

Com essa certeza na mente, Albertina muda a expressão corporal, evitando alguns de seus gestos e posturas "retorcidas":

- postura retorcida e encabulada;
- cabeça baixa;
- olhar espantado;
- rosto virado, sem contato visual;
- falar de costas para o interlocutor;
- falta de contato visual.

Munindo-se de segurança, resolveu encarar o patrão para ouvir a resposta e produziu um gesto inédito: *Ela ergueu os olhos*. Manter contacto visual com o interlocutor representa um enfrentamento, a fim de verificar se o outro está realmente dizendo o que pensa. Ao erguer os olhos e defrontar-se com o patrão, Albertina obtém a resposta monossilábica e evasiva: *Nenhuma*. O lado direito denota a inexistência de empregada, mas o lado avesso conota a vinda de uma nova empregada. Compreendendo a ambiguidade do patrão, Albertina concorda monossilabicamente, com o habitual estereótipo verbal, mas, desta vez, precedido de um sibilino advérbio: *Então tá!*. A conotação dessa despedida poderia ser: *Bom, então, tudo bem, a gente se vê por aí e, por favor, não se esqueça de mim!*

O caso de Albertina envolveu várias questões semióticas: signos, código aberto e fechado, denotação e conotação, repertório, pressupostos e significados implícitos. A interpretação dos problemas de comunicação, entretanto, suscitou a utilização de mais alguns conceitos "acompanhantes": os signos visuais da expressão corporal e o "diálogo" entre os níveis de significado do discurso. Trataremos agora desses conceitos "acompanhantes" das ferramentas semióticas.

Os signos visuais da expressão corporal: cinésica e proxêmica

O leitor deve ter notado que o ato comunicativo se desenvolve com signos linguísticos, acompanhados de signos visuais que traduzem os gestos e os movimentos da expressão corporal. E é notória a intervenção desses signos visuais no código e na relação significante/significado.

É oportuno informar que os signos gestuais fazem parte da **Cinésica** (do grego *kinein*, "movimentar", "mexer"), um campo da Semiótica que trata dos signos que ilustram os gestos e os movimentos corporais. Por outro lado, os signos de movimentação do corpo nos espaços, nas distâncias mais próximas ou mais longínquas, são estudados na **Proxêmica** (do termo *próximo*), outro capítulo da Semiótica que analisa, por exemplo, o significado do espaço urbano ou do espaço arquitetônico (catedrais góticas, arranha-céus).

Na história de Albertina, é possível apontar vários signos gestuais que reforçam o significado da cena. Vamos retomar alguns signos já comentados anteriormente e demonstrar os efeitos de sua interferência junto aos signos linguísticos:

- Cinésica

    - *retorcida* – postura corporal que reforça a timidez e o constrangimento.
    - *olhar patético e desencorajado* – exprime o desamparo por não saber o significado da expressão "*qualquer coisa*".
    - *ela abaixou a cabeça, levou um dedo à boca, ficou pensando* – gestualização que sugere um estado contemplativo, apático, ausente, diante da dúvida.

- *olhou espantada* – olhar de perplexidade e de incompreensão, por não saber o que tinha acontecido;
- *Ela espera, assim de costas, o dedo correndo devagar no friso da porta* – sugere um desligamento da realidade e um estado de alienação.
- *bêbada feito um gambá, agarrando-me pelo braço* – incapacidade de dominar o corpo e busca de um apoio;
- *Mal se sustinha sobre as pernas e começou a chorar* – os signos gestuais indicam descontrole corporal e emocional.
- *Ela ergueu os olhos* – movimento do olhar que indica capacidade de vencer a timidez e encarar o patrão.

• Proxêmica

- *Comeria fora naquela noite* – frustrado com a falta de comida, o patrão abandona o espaço da casa.
- *Então ela se trancou no quarto e só apareceu no dia seguinte* – como o repertório de Albertina não a habilita para captar a conotação implícita dos signos da mensagem do patrão (*Hoje não precisa fazer nada*), ela entende que, de fato, nada tem a fazer, desloca-se para o espaço do quarto e livra-se do poder do patrão.
- *ela veio lá de sua toca espreguiçando: – Eu tava dormindo... e deu uma risadinha* – o quarto (ou toca) é o espaço da liberdade e do lazer: Albertina se espreguiça (como Macunaíma), embora sinta constrangimento diante do patrão, por estar deitada (posição improdutiva para o repertório do patrão); ela justifica a postura com signos que, embora redundantes, atenuam a culpa e buscam cumplicidade com um gesto de expressão facial empática: *risadinha* (cinésica).

- *Albertina se detém no meio da sala, vira o rosto para o outro lado, toda encabulada, quando fala comigo...* – Juntam-se aqui a cinésica e a proxêmica. Por um sentimento de inferioridade, a empregada, que não consegue olhar para o patrão, recorre à cinésica, vira o rosto para o lado oposto ao do interlocutor, produzindo um gesto de expressão facial típico de pessoas de uma comunidade carente de recursos, de atenção e de afeto. Nessas condições, os indivíduos internalizam em seu repertório um estereótipo de inferioridade, criando uma barreira de comunicação com segmentos sociais considerados superiores – percebendo-se inferiores, criam signos de defesa: fechar os olhos, piscar compulsivamente ou virar o rosto, como comprova Walburga Von Raffler-Engel, eminente especialista na área da Comunicação Não Verbal e da Cinésica, em seu livro *Aspects of Nonverbal Communication* (Raffler-Engel, 1976). Reforçando o estereótipo da inferioridade, o signo proxêmico cola-se ao signo cinésico para desenhar a postura imobilizada de Albertina no espaço da sala.
- *Depois fez um despacho na cozinha/E ela levou para seu quarto umas coisas...* – o despacho e as "coisas" (vela, papel queimado), embora façam parte das crenças de Albertina, são percebidas pelo patrão como "bobagem". Elas não devem permanecer no espaço da casa. Isso explica a deslocação proxêmica operada pela empregada, fazendo o despacho na cozinha e levando para seu quarto os objetos do ritual.
- *– Vá para o seu quarto – ordenei, esticando o braço dramaticamente./Tranquei a porta da cozinha, deixando-a*

nos seus domínios – ordenando a retirada de Albertina para o *seu* quarto, o patrão demarca bem a Semiótica do espaço do apartamento, deslocando Albertina, *proxemicamente*, para o habitat que lhe cabe: "*seu* quarto". Tal demarcação é assinalada por um signo cinésico de conotação "militar": o braço autoritário. Ao trancar a porta da cozinha, o patrão delimita claramente o espaço de Albertina: "*seus domínios*".

- *...invadira os apartamentos vizinhos...*" – o descontrole, causado pela embriaguez, leva Albertina a subverter a proxêmica do edifício, rompendo as barreiras delimitadas pelo contexto sociocultural.
- *– Nenhuma. / – Então tá./Agarrou sua trouxa, despediu-se e foi-se embora.* – ciente da conotação ambígua do signo *Nenhuma*, Albertina conforma-se com a possibilidade de uma conotação positiva, indicando que o patrão não contrataria *nenhuma* nova empregada. Recuperando, então, seu amor-próprio, por meio do gesto altivo de *erguer os olhos*, ela abandona o espaço do patrão, agarra seus pertences, retira-se *ereta*, e não mais *retorcida*. Ao ir embora de cabeça erguida, Albertina, à sua maneira, salvou a cinésica e a proxêmica.

Salvo engano nosso, parece ser fundamental, leitor amigo, conhecer a função e a influência dos fatores acompanhantes dos signos. Nunca será demais insistir no fato de que as ferramentas semióticas não funcionam isoladas, mas estão comprometidas não só com o repertório e o contexto sociocultural, como também com o discurso em que estão inseridas.

E, exatamente por isso, os acompanhantes não terminam por aqui!

O caso de Albertina ainda apresenta situações, cuja compreensão ficará enriquecida pela aplicação de conceitos relacionados com os dois lados dos signos no discurso: o direito e o avesso.

O direito e o avesso

Como vimos na história de Albertina, os signos, no discurso, têm dois lados de significado. Quando o patrão diz que *não vai precisar mais de empregada*, ele produz um discurso de dois lados:

- O lado direito, ou de superfície, cujo significado é literal. Ele está dizendo que *não vai precisar mais de empregada, porque vai viajar.*
  Portanto, sua decisão nada tem a ver com a Albertina.
- No lado avesso, o sentido é outro. A justificativa *vou viajar, passar muito tempo fora* pode ser um falso argumento que explica a informação de que *não vai precisar mais de empregada*. O advérbio *mais* acentua o fato de ser uma decisão definitiva.
  O verdadeiro sentido é: *não vou precisar mais... da Albertina.*

Podemos notar que há um diálogo "polêmico" entre os dois lados do discurso. O diálogo de natureza polêmica ocorre o tempo inteiro no discurso político, corporativo e na linguagem cotidiana. Exemplos muito comuns são frases como:

1. *Preciso muito falar com você. Veja bem: não é uma crítica que eu vou fazer...*
2. *Convidaram-me para fazer um discurso para homenagear nosso diretor. Vou ser breve...*
3. *Não tenho preconceito. Tenho uma infinidade de amigos orientais.*

O leitor poderá notar que, no lado avesso dessas frases, o sentido é exatamente o oposto daquele do lado direito. Assim, na primeira frase, o autor vai fazer uma crítica; na segunda frase, o orador não será breve; já na terceira, o indivíduo, na verdade, tem preconceito.

Por que o diálogo polêmico? Como já dissemos, os signos não vivem isolados. Eles estão sempre inseridos no discurso. E o discurso está sempre em relação dialógica com outros discursos e textos. A relação pode ser reiterativa ou polêmica. Daí surgem os conceitos de *dialogismo* e *intertextualidade*, conforme as iluminadas teorias sobre signos e discurso, propostas por filósofo russo Mikhail Bakhtin (Bakhtin, 1975; Fiorin, 2016; Brait, 2005; Barros, 1988).

Quando um político, ao criticar adversários, exclama: *Esse judas terá o castigo que merece!*, ele está se referindo ao texto bíblico que narra como Judas teria traído Jesus, vendendo-o por 30 moedas. Verifica-se aí uma intertextualidade reiterativa: o político reitera a traição bíblica, aplicando-a, metaforicamente, ao adversário. A intertextualidade pode conter um diálogo polêmico no caso em que um manifestante religioso declarasse: *A religião não é o ópio do povo!* Trata-se aqui de uma polêmica entre a crença religiosa e o discurso marxista. Nos dois exemplos, é possível constatarmos a presença de vozes: no primeiro caso, a voz do Novo Testamento e a voz do político; no segundo caso, a voz do religioso entra em choque com a voz de Marx. Conforme a teoria de Bakhtin, o discurso pode ser habitado por muitas vozes: é a chamada polifonia.

FERRAMENTAS SEMIÓTICAS

Dialogismo, intertextualidade e polifonia. Aí estão conceitos essenciais para trabalhar com as ferramentas semióticas. Por meio deles, descobrimos que os discursos não são, em princípio, originais, mas constituem o resultado de toda uma intertextualidade. Eugenio Coseriu, o erudito linguista romeno, demonstrou que o conceito da arbitrariedade do signo é uma questão antiga que vem desde Platão e Aristóteles, passando por toda uma intertextualidade até chegar à atualidade com Saussure (que não deixa de reconhecer a antiguidade do princípio). Parece-nos útil reproduzir a advertência de Coseriu: "a tradição da Linguística é, em grande medida, uma tradição cheia de ocos, de modo que, reiteradamente, se voltam a 'descobrir' as mesmas coisas..." (1977a: 13-61 e 132).

Tal observação nos mostra que o discurso e o texto são, cada vez mais, tributários de outros discursos e textos. Uma das tarefas da Semiótica é percorrer os caminhos trilhados pela intertextualidade, a fim de desvendar a origem das vozes e dos diálogos. Como os arqueólogos, o semioticista tem a tarefa de escavar a intertextualidade para encontrar o texto puro... se possível. Fazer como Manuel Bandeira, em "Evocação do Recife":

> Recife
> Não a Veneza americana
> Não a Mauritsstad dos armadores das Índias Ocidentais
> Não o Recife dos Mascates
> Nem mesmo o Recife que aprendi a amar depois
>   Recife das revoluções libertárias
> Mas o Recife sem história nem literatura
> Recife sem mais nada
> Recife da minha infância
> [...]
> (Bandeira, 2010: 80)

Em busca do texto puro, o poeta "descasca" Recife, suprimindo todas as conotações históricas, políticas, turísticas, até chegar ao *caroço* da intertextualidade: sua infância.

José Paulo Paes, poeta concretista, vai também em busca do *caroço* da intertextualidade no poema "Pavloviana", como podemos verificar nos seguintes trechos:

a sineta
a saliva
a comida

a sineta
a saliva
a saliva

a saliva
a saliva
a saliva

o mistério
o rito
a igreja

o rito
a igreja
a igreja

a igreja
a igreja
a igreja

a revolta
a doutrina
o partido

a doutrina
o partido
o partido

o partido
o partido
o partido
[...]
(Paes, 1986: 92-3)

Paes, ironicamente, segue o caminho inverso ao de Bandeira: ele parte do núcleo puro, origem e causa da intertextualidade (sineta, mistério, revolta), passa pela consequência (saliva, rito, doutrina) até concluir com um texto que é a representação sígnica estereotipada e desligada do núcleo puro (saliva, igreja, partido). Há uma crítica ao processo de estereotipação que, tal como o condicionamento pavloviano, anula o mistério e a revolta, reduzindo-os ao texto da igreja e do partido, burocrático e sem vida.

Percebe-se claramente como os signos estão enredados na complexa e imensa rede da intertextualidade. Parece-nos indispensável nos darmos conta do intertexto para chegar às ideias e sentimentos que deslizam por nosso inconsciente. Foi o que tive oportunidade de testemunhar, quando um colega me pediu que orientasse seu neto para compor uma redação. O menino estava angustiado porque o professor lhe pediu que redigisse um texto sobre uma experiência marcante em sua vida. Davi (era o nome do garoto) disse-me que poderia comentar sobre um passeio de *scooter* em Miami, durante as férias de verão com a família. Mas ele não estava convencido de que era realmente esse o tema da redação, pois havia algo que o estava atormentando "lá por dentro". Finalmente, ele desabafou e contou-me que, na viagem, ele perdeu o medo. Lembrou-se, então, de um livro que tinha lido e que lhe causara um forte impacto. Trata-se de *A ilha perdida*, de Maria José Dupré; contava a história de dois meninos que foram parar numa ilha misteriosa, ficaram perdidos, com muito medo, até que resolveram enfrentar os perigos, conheceram Simão, o único habitante da ilha que se tornou grande amigo deles. E aí, disse Davi, eles venceram o medo. E completou: "*Gostaria de falar sobre isso. Sobre como eu também venci o medo, ao correr pelas estradas de Miami no scooter.* Eu disse ao Davi que redigisse uma composição desses textos de que ele me falou. E o menino fez a redação que, a meu ver, prima por intertextualidade, polifonia e dialogismo. A redação compõe-se de um texto, no lado direito, que consiste na viagem de *scooter* em Miami. Mas esse texto, no lado avesso, está em diálogo polêmico com o texto sobre o medo. Ainda no avesso subjaz o texto do livro *A ilha perdida*. Por outro lado, há muitas vozes na redação, caracterizando o aspecto da polifonia; fala o garoto, falam o pai e a mãe, falam os meninos de *A ilha perdida*, fala a irmã. Em suma, uma variada intertextualidade cobrindo o caroço, o núcleo puro: vencer o medo. Reproduzo aqui o trabalho do Davi; o leitor poderá, é claro, avaliar o texto. Peço apenas que perdoe falhas gramaticais.

Redação

Tema: Conquistando o medo
Eu estava em Miami para uma pausa de verão, e estávamos andando na rua quando vimos scooters para alugar. "Ei pai, há scooters para alugar, podemos ir?"
"Ok, vamos ver como funciona", disse ele. Quando meu pai terminou de preencher todos os documentos, pegamos duas scooters e começamos a praticar no estacionamento ao lado. Eu estava com minha mãe em uma scooter e meu pai e minha irmã estavam na outra scooter. Eu tinha 100 por cento de medo de cair da scooter e colocar meus sapatos no tubo de escape. Eu quase caí do assento e segurei bem forte a minha mãe porque eu não queria cair.
"Não mãe!" Eu disse: "Eu não quero mais fazer isso. Eu acho que não é para mim ainda.

"Espere, estamos apenas começando. Tenha confiança", minha mãe disse.
Eu tentei novamente e desta vez eu estava tremendo como gelatina. "Olha, Davi. Sua irmã é mais confiante do que você – meu pai disse. "Vamos tentar sair do estacionamento e andar um pouco na rua", disse meu pai. Bianca, minha irmã, disse: "Vai logo, Davi. Você lembra da *Ilha perdida*? Comecei a sentir que não era muito corajoso. Aí, lembrei dos meninos, morrendo de medo lá na ilha perdida. Então eu disse à minha mãe: "Vamos para o centro de Miami". Mais tarde, nós estávamos na estrada andando ao lado de carros e eu ainda estava com medo porque tinha muitos carros e eu estava me sentindo como uma sardinha em uma lata. De repente, eu vi um McLaren. Fiquei tão impressionado porque este carro é tão rápido quanto um avião. Quando vi que a McLaren estava indo tão depressa, percebi que estávamos a 20 quilômetros por hora, tão lentos quanto uma tartaruga. A scooter era pequena, apenas para se locomover pela cidade e aqui estava esse McLaren que podia voar. De repente, pensei: "Por que tenho medo de ir tão devagar?" Percebi que não precisava ter medo. Eu olhei para cima e gritei para minha mãe "Eu acho que sou corajoso agora!!!" "Estamos indo devagar e é divertido." Fomos por toda a cidade: um monumento judaico e um lugar para onde meus pais haviam ido antes de nascermos. E a melhor parte foi quando começou a chover e eu podia sentir a chuva na minha pele como se estivesse nadando em uma piscina gigante. Eu estava realmente feliz. Eu conquistei meus medos e me diverti muito. Me deu vontade de contar minha aventura para os meninos da *Ilha perdida*. E também falar com o professor de Ciências que agora eu acho que entendi a teoria da relatividade...

Em suma, a redação gira em torno do diálogo entre o lado direito (*scooter em Miami*) e o lado avesso (*como vencer o medo*). E o autor festeja sua vitória com a metáfora da chuva "lavando" o medo.

O funcionamento das ferramentas semióticas, como demonstramos, depende da intertextualidade e do dialogismo.

Mas não terminamos, pois ainda há outros acompanhantes. Comentamos, até aqui, a respeito dos signos linguísticos, acompanhados dos signos cinésicos e proxêmicos. No entanto, há signos de outra natureza que também podem acompanhar as ferramentas linguísticas. Conforme nossos sentidos, podemos utilizar signos visuais, olfativos, gustativos, sonoros e táteis. Os signos olfativos e gustativos podem ser amostras de perfumes ou de alimentos que clientes de shopping podem provar. O código Braille é um bom exemplo de signos táteis para cegos. O código Libras é um alfabeto de signos visuais para surdos e mudos. Os apitos de um guarda de trânsito são signos de natureza sonora. Os signos visuais da mídia televisiva, cinema, teatro, fotografia constituem também ferramentas semióticas e têm merecido estudos, análises e reflexões de eminentes semioticistas. Vale comentar o trabalho de Roland Barthes sobre as características do signo visual, quando comparado ao signo linguístico. É o que veremos a seguir.

Signo linguístico *versus* signo visual

Devemos a Roland Barthes o confronto desbravador entre o signo linguístico e o signo visual. Foi em 1964, em entrevista concedida para a revista *Image et Son – La Revue du Cinéma*, que Roland Barthes nos brindou com uma lição magistral de Semiologia aplicada ao cinema (Pilard e Tardy, 1064: 12). Tudo começou com a resposta de Barthes à pergunta formulada pelos entrevistadores Philippe Pilard e Michel Tardy sobre se é possível uma Semiologia do cinema. Ampliando a noção de signo-significante-significado, proposta por Saussure, Barthes observou que seria possível aplicar o conceito de signo na análise da mensagem cinematográfica, desde que considerássemos as seguintes características do signo visual em comparação com signo linguístico:

O signo visual é:

- analógico – há uma analogia entre significante e significado; a foto de uma cadeira é um significante, cujo significado só pode ser "cadeira";
- motivado – por ser analógico e, em princípio, dispensar explicação ou tradução, ele motiva e prende a atenção do observador;
- global e contínuo – a imagem é percebida globalmente, numa visão contínua.

Essas características geram a *iconicidade* (do grego *eikon*, "imagem") que consiste na descodificação imediata, global e contínua.

O signo linguístico é:

- arbitrário e a relação significante/significado é convencional; o signo *cadeira* só pode ser entendido por alguém que conheça o código da língua portuguesa;
- linear/descontínuo – a cadeia linguística é uma linha no tempo, na medida em que os fonemas ou letras se realizam linearmente, um após o outro; em consequência, o signo linguístico é descontínuo, podendo ser interrompido em qualquer momento. Esse aspecto pode ser vantajoso, se contribuir para formação de novos signos: *agri-cultor, agri-cultura, agri-mensor*; mas será

prejudicial, se interromper a sequência de fonemas ou letras: *embaix...* pode ser um signo incompleto num e-mail, deixando o receptor da mensagem sem saber se se trata de *embaixador, embaixatriz* ou *embaixada*.

Essas características geram a **linearidade** (descodificação mediata, linear e sequencial e... mais demorada que a do signo visual).

Pelo exposto, as artes visuais – cinema, TV, fotografia, teatro (apesar dos diálogos), design, arte circense – são beneficiadas, em princípio, pela iconicidade. No caso de uma tradução intersemiótica – interpretação de signos verbais por signos não verbais (Jakobson, 1969: 65-72) – um cineasta ou fotógrafo competente é capaz de construir uma mensagem icônica que traduz, com novas conotações, a mensagem linguística. Uma cena, descrita linguisticamente, poderia necessitar da colaboração de signos icônicos, a fim de causar mais impacto. No cinema, um notável exemplo de combinatória icônica pode ser observado na cena abaixo, extraída de *Cidadão Kane*, obra-prima de Orson Welles (1941).

Divulgação

108

O que vemos? No plano denotativo, quatro personagens: em primeiro plano, um menino, segurando um trenó, e um homem, vestido com elegância, dando um aperto de mão da criança; atrás da dupla, um homem, uma mulher, uma casa e a paisagem coberta de neve. Já no plano conotativo, diríamos que o significado do filme inteiro já está embutido nessa cena, pois há uma engenhosa combinatória dos signos fundamentais na vida de Charles Foster Kane, o "cidadão Kane". Vejamos o contexto desse momento. O menino é o próprio Kane; o homem e a mulher, em segundo plano, são seus pais. O ambiente não é favorável, pois eles são pobres, o pai é alcoólatra e a mãe, infeliz. Ocorre, no entanto, uma boa surpresa: a mãe de Kane, que era proprietária de uma mina considerada sem valor, torna-se milionária, uma vez que a tal mina estava cheia de ouro. De posse de grande fortuna, a mãe decide tirar o filho da pobreza e entregá-lo aos cuidados de um grupo de empresários que cuidariam do dinheiro e da educação de Kane. A cena em questão ilustra o momento em que um dos três empresários vem buscar Kane para a nova vida. Kane se torna um rico e vitorioso magnata que, no entanto, se perde na política e nos amores, terminando sua vida infeliz e solitário. Já moribundo, acaricia um pequeno globo de vidro (um peso de papel), com flocos artificiais de neve dentro, e morre pronunciando uma palavra: *Rosebud* ("botão de rosa"). Pois bem, *rosebud* era o nome do trenó que o menino Kane sobraçava, quando o empresário veio tirá-lo da casa paterna. Ocorre que a criança, apesar da pobreza e do alcoolismo do pai, amava a casa, a neve, o trenó. Por isso, Kane reage com agressividade (aliás, bem estampada em seu rosto) e tenta espancar o empresário com o trenó. A despeito de sua resistência, o menino é arrancado dos pais, da casa, da neve e... de sua infância. Explica-se, então, a repetição de *rosebud:* é a lamentação de Kane por ter perdido a infância. A cena é um magnífico enquadramento de Welles, pois contém as conotações básicas do filme. Vale uma aproximação com o conceito freudiano de *condensação*.

Mas... aprendi também com Roland Barthes que o signo icônico, tal qual o signo linguístico, também pode ser descontínuo e fragmentável, propiciando combinações entre as partes resultantes da fragmentação. Em minhas pesquisas e aulas sobre Semiótica das artes visuais (pintura, cinema, teatro, televisão) procurei demonstrar como os autores eram capazes de criar combinatórias icônicas, geradoras de um fecundo campo de conotações. Assinalei, por exemplo, no quadro *O Relógio de Asa Azul*, de Marc Chagall (1949), como essa combinatória icônica – asa de um pássaro + relógio pendular – produz o sintagma *relógio alado*, cuja conotação pode ser "a volatilidade do tempo sobre os negócios e os amores da pacata aldeia":

Considero oportuno ressaltar que o artista criativo, em qualquer campo, sempre perseguiu a iconicidade, pois é graças a ela que os signos de qualquer natureza podem traduzir, com a fidelidade possível, as situações reais. E as ferramentas semióticas de natureza linguística podem tornar-se icônicas, a partir de uma combinatória poética de fonemas, como faz João Guimarães Rosa no conto "Nós, os temulentos". Guimarães Rosa descreve uma cena da caminhada trôpega e acidentada de Chico, "herói" do episódio, que, completamente embriagado, tenta voltar para casa. O leitor talvez tenha dificuldade de entender a sintaxe e o vocabulário, mas podemos imaginar o que está acontecendo. Vamos ao trecho do conto. Divirta-se com a leitura, paciente leitor.

Nós, os temulentos [trecho final]

... E, vai, uma árvore e ele esbarraram, ele pediu muitas desculpas. [...]
E, adiante mais, outra esbarrada. Caiu: chão e chumbo. Outro próximo prestimou-se a tentar içá-lo. – Salve primeiro as mulheres e as crianças! – protestou o Chico. – Eu sei nadar...
E conseguiu quadrupedar-se, depois verticou-se, disposto a prosseguir pelo espaço o seu peso corporal. Daí, deu contra um poste. Pediu-lhe: – Pode largar meu braço, Guarda, que eu fico em pé sozinho...
[...]
Viram-no, à entrada de um edifício, todo curvabundo, tentabundo. – Como é que o senhor quer abrir a porta com um charuto? ... Então acho que fumei a chave...
E, forçando a porta do velho elevador, sem notar que a cabine se achava parada lá por cima, caiu no poço. Nada quebrou. Porém: – Raio de ascensorista! Tenho a certeza que disse: – Segundo andar!
E, desistindo do elevador, *embriagatinhava escada acima.*

Pôde entrar no apartamento. [...] Chegou ao quarto. Quis despir-se, diante do espelho do armário: – Quê?! Um homem aqui, nu pela metade? Sai, ou eu te massacro!
E, avançando contra o armário, e vendo o outro arremeter também ao seu encontro, assestou-lhe uma sapatada, que rebentou com o espelho nos mil pedaços de praxe.
– Desculpe, meu velho. Também quem mandou você não tirar os óculos? [...]
E, com isso, lançou; tumbou-se pronto na cama; e desapareceu de si mesmo.
(Rosa, 1968: 101-4)

Então, como foi a leitura? É preciso ler e reler o texto para fruirmos a criatividade do escritor. Guimarães Rosa constrói uma narrativa icônica, com montagens feitas de uma combinação de fragmentos de palavras que traduzem exatamente a caminhada desastrosa, mas humorística, de Chico. A cena, na arte de Guimarães Rosa, é cinematográfica. Como exemplos dessas montagens poéticas, gostaria de mencionar:

- *E conseguiu quadrupedar-se, depois verticou-se*
- *... embriagatinhava escada acima...*

Não me parece exagero afirmar que estamos vendo o Chico verticar-se!

A crença de que os signos podem coincidir com a realidade foi dramatizada por Carlos Drummond de Andrade. Desta feita, entretanto, o escritor põe em cena um humilde funcionário de um ministério, que acredita – ou quer acreditar – que os nomes representam a realidade fielmente. Trata-se, no caso, da escolha do nome de seu filho recém-nascido a quem o pai dá o nome de Ministro, na esperança de que, no futuro, ele se tornasse ministro. Ironicamente, o nome *ministro* não deu certo e o signo não virou realidade. Convido o leitor a ler algumas passagens da crônica, pois Drummond não deixa de fazer a crítica à arrogância do "verdadeiro" ministro, sem esquecer de pôr uma pitada de emoção e ternura no final do caso. Passemos ao caso do... Ministro.

Serás Ministro [trechos]

Esse vai ser ministro – sentenciou o pai, logo que o garoto nasceu. – E você, com esse ordenado micho de servente, tem lá poder pra fazer nosso filho ministro? – duvidou a mãe. – Então, só porque meu ordenado é micho ele não pode ser ministro? [...] Pra começar, a gente convida o Ministro pra padrinho dele. [...] Com padrinho importante, o garotinho começa logo a ser importante. [...] Hoje mesmo eu faço o convite. Fez. O Ministro não pôde comparecer, mas enviou representante. [...] Na hora de dizer o nome do menino, o pai não vacilou; disse bem sonoro: – Ministro. – Como? – estranhou o padre. – Ministro, sim senhor. [...]
O garoto registrou-se. Cresceu. Na escola, a princípio achavam-lhe graça no nome. [...] Depois, o costume. [...] Ministro não era o primeiro da classe, também não foi dos últimos. Já moço, o leque das opções não se abriu para ele. [...] acabou sendo, como o pai, servente de repartição. Promovido a contínuo. – Eu não disse? – festejou o pai. – Começou a subir. O máximo que subiu foi trabalhar no gabinete do Ministro. – Ministro, o Sr. Ministro está chamando. – Ministro, já providenciou o cafezinho do Sr. Ministro? [...] Começaram os equívocos: – Telefonema para o Ministro. – Qual? O Ministro ou o Sr. Ministro? [...] O Ministro de Estado, ciente da confusão, recomendou ao assessor: – Faça esse homem trocar de nome. – Impossível, Sr. Ministro. É o seu título de honra. – Então suma com ele da minha vista. Mandaram-no para uma vaga repartição de vago departamento. Queixou-se ao pai, aposentado, que isso de se chamar Ministro não conduz a

113

grandes coisas e pode até atrasar a vida. – Ora, meu filho, hoje no bueiro, amanhã no Pão de Açúcar. E você não tem de que se queixar. Num momento em que tanta gente importante sua a camisa pra ser Ministro, e fica olhando pro céu pra ver se baixa um signo do astral, você já é, você sempre foi Ministro, de nascença! De direito! E não depende de governo nenhum pra continuar a ser, até a morte! Abraçaram-se, chorando.
(Drummond, 2016: 81)

Ainda sobre o signo visual, uma observação. O signo visual, a partir do repertório e do contexto sociocultural, pode impregnar-se de conotações culturais, tornando-se **símbolo**. Nem todo signo é símbolo, mas todo símbolo foi, na origem, um signo. Temos, então, símbolos religiosos (cruz, estrela de David), símbolos políticos, símbolos corporativos, símbolos esportivos, bandeiras etc. É necessário conhecer a história e as conotações culturais dos símbolos para evitar ruídos de comunicação, como foi o exemplo da suástica hindu e nazista, apresentado no primeiro capítulo deste livro.

Ainda temos de tratar de mais quatro acompanhantes: funções da linguagem, "temperatura" da comunicação, ruídos de comunicação e... os índices, manifestações involuntárias que podem ser observadas e interpretadas.

Funções da língua e "temperatura" da comunicação

FUNÇÕES DA LÍNGUA

Para trabalhar com as ferramentas semióticas, não podemos nos esquecer das funções da língua, no conhecido esquema proposto por Roman Jakobson. Como é sabido, temos seis funções: referencial, metalinguística, emotiva, conativa, fática e poética. Gostaríamos de chamar a atenção do leitor para o fato de que essas funções interferem, inevitavelmente, na relação significante/significado, ou, melhor ainda, conforme o peso da interferência, podem surgir contradições entre o lado direito e o lado avesso do discurso. A função referencial trata do significado denotativo do signo; mas este significado pode virar exatamente o oposto se o signo for utilizado na comunicação fática. Meu pai contava o caso de um coronel do interior que era procurado insistentemente por um deputado, seu inimigo político. Embora o coronel evitasse recebê-lo, o deputado conseguiu ir até sua casa. Quando o deputado entrou, o coronel recebeu com um abraço e foi logo dizendo: *Meu caríssimo amigo, que prazer receber sua visita!* É claro que, no lado avesso do discurso, o coronel estava dizendo exatamente o oposto.

Esse caso ilustra bem como a função fática, por exemplo, embaralha a relação significante/significado. Vamos demonstrar os malabarismos que a função fática provoca na comunicação, lendo mais um texto de Guimarães Rosa. No conto "Minha gente", Tio Emílio queria vender um novilho para um fazendeiro que estava interessado nessa compra. Como vendedor, Tio Emílio não queria que o outro soubesse de sua intenção de vender o novilho; o outro, como comprador, não queria que Tio Emílio soubesse que ele queria comprar. Desenvolve-se uma troca de mensagens fáticas, cujo sentido está no lado avesso do discurso. Como Tio Emílio queria mostrar o novilho, mas, para não revelar sua intenção, saiu "pra encomendar um cafezinho lá dentro..." É um texto precioso para entendermos as artimanhas da comunicação e a dança dos significados, pois a verdade estava subentendida nas dobras do discurso.

Minha Gente *[trechos]*

[...] Havia um novilho em ponto de ser amansado para carro, e meu tio Emílio, que queria vender o novilho, e ainda outro fazendeiro, tio de qualquer outra pessoa, que desejava e precisava de comprar o novilho duas vezes aludido. E, pois, a coisa começou de manhã. O tal outro fazendeiro amigo chegou e disse que "ia passando, de caminho para o arraial, e não quis deixar de fazer uma visitinha, para perguntar pela saúde de todos"...[...] Tio Emílio sabia que o homem tinha vindo expresso para entabular negócio. E, como o novilho era mesmo bonito, ele saiu um pouco, "para encomendar um cafezinho lá dentro"... e ordenou que campeassem o boieco e o trouxessem, discretamente, junto com outros, para o curral. Em seguida, voltou a atender o "visitante". E, mui molemente, tal como sói fazer a natureza, levou o assunto para os touros, e dos touros para as vacas, e das vacas aos bezerros, e dos bezerros aos garraios. Aí, "por falar em novilhos", se lembrou de que estava com falta dos ditos: tinha alguns, mas precisava de reformar as juntas dos carros... E até sentia pena, porque os poucos que possuía eram muito bem enraçados [...] Mentira pura, porquanto ele tinha mas era um excesso de bezerros curraleiros, tão vagabundos quão abundantes. Aí, o outro contramentiu, dizendo que, felizmente, na ocasião, não tinha falta de bezerros. [...] Iam e vinham, na conversa mole, com intervalos de silêncio tabaqueado e diversões estratégicas por temas mui outros. [...] E ambos corriam do assunto e voltavam ao assunto,[...].
(Guimarães Rosa, 2015: 175-6)

"TEMPERATURA" DA COMUNICAÇÃO

Sabemos que o ato comunicativo, além de informar, tem a função de gerar um efeito nos destinatários da mensagem. Alguns acompanhantes podem colaborar para produzir esse efeito. Já vimos as vantagens de conferir iconicidade aos signos, pois eles se tornam mais atrativos e facilitam a absorção da mensagem. Outro meio eficaz consiste na utilização de mensagens não sobrecarregadas de informação, uma vez que elas podem tornar-se de difícil recepção. É recomendável que as ferramentas semióticas sejam *soft*, suaves, *cool*, frias, para que a recepção seja "palatável", fácil e, até mesmo, prazerosa. O criador dessa teoria foi Marshall Mcluhan que, em seu clássico *Os meios de comunicação como extensões do homem* (1964; ed. bras. 1969), propunha uma classificação dos meios de comunicação em *hot* e *cool*, assim definidos:

- Meios *hot* (quentes) – caracterizados por muita informação, complexidade, baixa visualização, baixa atração, tensão, rigidez, exigindo muito esforço na recepção e entendimento da mensagem. Exemplos: textos complexos, sobrecarregados de informação, livro sem ilustrações.
- Meios *cool* (frio, fresco) – caracterizados por baixa informação, simplicidade, alta visualização, alta atração, pouca rigidez, descontração, pouco esforço na recepção e entendimento da mensagem.
Exemplos: revista em quadrinhos, filmes, TV, redes sociais digitais (Whatsapp, Twitter, Facebook).
(Blikstein, 2017: 85-6)

É recomendável, portanto, que, na preparação de uma aula, palestra, entrevista, redação de um texto, nós nos preocupemos com a utilização das ferramentas semióticas que devem ser selecionadas e organizadas de modo *cool* (suave, frio), com informações concisas, icônicas e atrativas, a fim de obter uma recepção suave e sem esforço (Guiraud, 1999: 20-25)

117

Ruídos na comunicação

Já sabemos que, por desconhecimento do código ou pelo manejo inadequado das ferramentas semióticas, surgem ruídos de comunicação e a mensagem não é entendida. O caso de Albertina exemplifica bem diferentes ruídos causados pela diferença de repertórios. O ruído, todavia, nem sempre é negativo. Muitas vezes, fruto da redundância e das repetições, as mensagens já não causam mais reações, já que a taxa de informação é nula. Assim, um aviso como *Economize água* foi visto e lido tantas vezes que não desperta mais a atenção de ninguém. É necessário provocar um impacto, aumentando a taxa de informação com um ruído "positivo", a saber, uma notícia chocante, surpreendente, assustadora (Moles, 1969). O aviso sobre a água poderia ser refeito com um ruído positivo: "A partir de amanhã, não haverá mais água no prédio: apenas iogurte". Certamente haveria uma reação dos moradores. A necessidade do ruído positivo prova que o significado das ferramentas semióticas não é estável, exigindo, portanto, uma renovação da informação. Na arte moderna, é frequente o uso do ruído positivo, porque o artista deve procurar sempre uma informação nova, inesperada surpreendente.

Há alguns anos, fui a uma exposição de arte contemporânea. Estava curioso por ver novidades, pois achava que havia muita repetição. Comecei a percorrer as dependências do salão e, de repente, percebi uma longa fila numa das salas. Fui até a porta e perguntei a uma visitante o que havia na sala e qual a razão da fila. A mulher me explicou que todo mundo queria ver o menino que estava ajoelhado, rezando, de costas para os turistas. Resolvi entrar e ver o menino piedoso. Depois de quase uma hora na fila, finalmente, estava bem atrás do garoto. Quando dei a volta para ver o menino de frente, levei um grande susto. O menino era Hitler, vestido com um terninho, cabelos bem penteados, um rosto de menino de primeira comunhão, entre choroso e magoado. Foi uma bofetada na cara. Pensei em muitas caras, mas jamais poderia imaginar que o piedoso garoto era Hitler compungido. O autor, Maurizio Cattelan, fez um trabalho único, impensável e, portanto, genial, inesquecível. A imagem não me saiu mais da mente. Não foi um simples ruído positivo. Foi uma bofetada na cara. Pouco a pouco, fui analisando a obra de Cattelan. Trata-se de uma escultura e de uma instalação. O espaço da sala é fundamental para o efeito que se pretende obter. É preciso que as pessoas percorram o espaço para finalmente, depois de todo o *suspense*, ver o "menino" de frente. É o efeito da proxêmica. A escultura é de cera e a imagem é a cópia fiel do rosto de Hitler. A roupa é de tecido poliéster cinza escuro, pigmentado. Transmite bem a imagem de terninho de primeira comunhão. Os cabelos, que são humanos, têm uma cor preta bem carregada e cobrem o rosto muito branco e já com rugas. É um menino velho. Usa camisa azul e gravata escura. São os signos cinésicos da expressão corporal. Esse conjunto – roupa, penteado, posição de costas – serve de moldura para os signos cinésicos gestuais: ajoelhado, mãos presas para uma prece e o olhar ambíguo, entre o arrependimento e o ódio. Cattelan construiu um singular exemplo de obra aberta e dialogismo entre o menino e... *Him*. Vejamos duas fotos da instalação.

SEMIÓTICA E TOTALITARISMO

Maurizio Cattelan – *Him*, 2001 (https://psevezsj.com/2016/11/13/cattelan/)

O ruído positivo revelou-se um acompanhante eficaz, na medida em que sua inserção no funcionamento dos signos pode propiciar a produção de efeitos impactantes nos receptores das mensagens.

Vamos comentar agora o índice, último acompanhante dos signos, em nosso livro.

Índice, índice manipulado e função-signo

- **Índice e índice manipulado (Buyssens, 1974)**

Quando descrevemos o comportamento do recém-nascido, mencionamos o fato de que a criança, quando atormentada por dor, fome, sono ou outro incômodo, reagia automaticamente, num ato reflexo, e respondia ao sofrimento com manifestações involuntárias, não intencionais, como choro, gemidos e agitações corporais. Considerando que a comunicação é um ato voluntário e intencional, as manifestações involuntárias e não intencionais não eram, evidentemente, comunicação, e sim **índices** de uma que determinada causa que deveria ser observada e interpretada pelos adultos. O índice não é propriamente uma ferramenta semiótica, mas pode ser uma fonte de informações, na medida em que pode ser observada e interpretada. Assim, quando um médico examina a pele do paciente e diz que ele está com anemia, houve uma observação de índice (a palidez da pele) que levou o médico a interpretar tal índice como uma manifestação de anemia. É claro que o paciente não comunicou a doença ao médico que, ele sim, interpretou o índice e apresentou o diagnóstico.

Estamos aí diante de duas fontes de informação:

- a comunicação, por meio da qual, intencionalmente, transmitimos aos outros nossas ideias, projetos, desejos e necessidades;
- o índice, manifestação não intencional que pode ser observada e interpretada.

Mas o índice suscita um problema: ele pode ser observado e interpretado sem a concordância ou até contra a vontade do indivíduo observado. Um exemplo é o rubor nas faces de uma pessoa que se apresenta para uma entrevista de emprego.

Embora ela não queira parecer tímida, o rubor – não intencional – pode ser interpretado como um índice de timidez. A pessoa se esforça por mostrar-se extrovertida, pode até declarar que não é tímida, mas o rubor na face contraria a comunicação, denunciando a timidez.

Por essa razão, o índice não é bem um acompanhante da comunicação, mas um concorrente que se insinua no processo comunicativo e interfere no significado e no entendimento das mensagens.

Na peça de teatro *Dois perdidos numa noite suja*, de Plínio Marcos, nosso corajoso dramaturgo, há uma situação tragicômica que envolve uma das personagens por causa de um índice desfavorável. Trata-se de um indivíduo infeliz com seu miserável emprego como carregador de caixas no mercado; ele procura por uma melhor condição, mas sempre que se apresenta para um emprego decente ele é excluído por causa do lamentável estado de seus sapatos. Desesperado, ele rouba os sapatos de um cidadão, porém (e sempre tem um porém, como dizia o saudoso Plínio Marcos) eles não servem porque são pequenos. A tragédia foi causada por um índice: o estado miserável dos sapatos da personagem era interpretado como a manifestação da sua incompetência.

A questão dos índices se complica mais ainda quando o índice pode ser manipulado. O índice manipulado pode ser assim descrito: um indivíduo quer passar uma imagem de riqueza e poder; ao receber uma visita, o manipulador serve o vinho francês da marca Romanée Conti, que pode custar uma fortuna. O convidado ficará impressionado com o poder aquisitivo do anfitrião, se não perceber a intenção do manipulador. O efeito desaparece se a intenção escondida for percebida. Trata-se de um índice manipulado, que, na verdade é uma comunicação "por debaixo do pano" (Buyssens, 1974: 28).

Machado de Assis, que era um exímio observador de índices, descreve uma situação, no conto "Miloca", em que a manipulação de índice não deu certo. Nesse conto, Adolfo é um jovem perdidamente apaixonado por Miloca, moça bonita e prendada da sociedade carioca. Ocorre que, apesar das investidas de Adolfo em propor-lhe casamento, Miloca não lhe dá a mínima atenção. Eis que surge uma oportunidade para impressioná-la. Adolfo já estava entrando na casa de Miloca para uma visita, quando percebeu que uma escrava tinha sido atropelada por um tílburi. Adolfo, que contava estar sendo observado por Miloca, correu para socorrer; levou-a à farmácia, onde foi medicada e saiu curada. Adolfo manipulou um índice de coragem e caridade. Diz Machado, narrador do conto:

> [Adolfo] agradeceu ao céu o ter-lhe proporcionado o ensejo de uma bela ação diante de Miloca que estava à janela com a família, e subiu alegremente as escadas. D. Pulquéria abraçou o herói; Miloca mal lhe estendeu a ponta dos dedos. (Machado de Assis, 1957: 382-3)

Como foi possível perceber, Miloca não se impressionou com o heroísmo de Adolfo. Os índices manipulados por Adolfo não surtiram efeito. Mas, em outra história de Machado de Assis, há um caso de manipulação de índice bem-sucedida, pois o manipulador era competente. É o caso de Cristiano Palha, personagem de *Quincas Borba*. Empenhado em apropriar-se da riqueza de Rubião – que acabara de ser aquinhoado com vultosa herança –, Palha cumula-o de atenções, favores e presentes (inclusive Sofia, a própria esposa); um dos presentes era um par de chinelas de Túnis, conforme a passagem inicial do romance:

> Rubião fitava a enseada, – eram oito horas da manhã.
> Cotejava o passado com o presente. Que era há um ano? Professor. Que é agora? Capitalista. Olha para si, para as chinelas (umas chinelas de Túnis, que lhe deu recente amigo, Cristiano Palha), para a casa, para o jardim, para a enseada, para os morros e para o céu; e tudo, desde as chinelas até o céu, tudo entra na mesma sensação de propriedade. (Machado de Assis, 1952a: 7)

A genialidade de Machado de Assis no manejo desses índices é tal que podemos dizer que o romance inteiro já está desenhado nesse parágrafo inicial. Com efeito, as chinelas de Túnis, índice manipulado por Palha para seduzir Rubião, se encaixam coerentemente no conjunto dos objetos que exercem a função-signo barthesiana (casa jardim, enseada, morros, céu), possibilitando detectar no pensamento de Rubião a inebriante convicção de poder (Buyssens, 1974: 28; Barthes, 1971,44).

• **A função-signo (Barthes, 1971)**

Paralelamente às noções de índice e índice manipulado, propostos por Buyssens, Barthes desenvolveu o conceito de *função-signo*, ao observar que, além de sua função utilitária, os objetos adquirem significados socioculturais: "[...] desde que haja sociedade, qualquer uso se converte em signo desse uso [...]" (Barthes, 1971: 44).

Convertidos em signos, os objetos passam a "comunicar" inúmeros aspectos de nosso repertório: condição socioeconômica, cultura, ideologia, formação, educação, gostos etc. Na verdade, eles funcionam como índices manipulados.

Assim, por exemplo, a aquisição de uma bolsa Louis Vuitton pode decorrer de um desejo de exibir um objeto requintado. Com justeza, Deyan Sudjic salientou que os objetos são:

> [...] o que usamos para nos definir, para sinalizar quem somos, e o que não somos. Ora são as joias que assumem esse papel, ora são os móveis que usamos em nossas casas, ou os objetos pessoais que carregamos conosco, ou as roupas que usamos. (Sudjic, 2010: 21)

Com a possibilidade de os objetos "discursarem" sobre nossa imagem pública, abre-se um imenso espaço para o fabricante de desejos e sonhos: o *designer*. Com efeito, o designer concebe os objetos com índices manipulados que devem "comunicar" uma imagem positiva a respeito de nosso *status*. Graças à concepção do criador e à arte do designer, uma cadeira não tem apenas a função de "para sentar-se", pois ela é também, e sobretudo, um signo – ou índice manipulado – cujo significado é *gosto apurado*, caso de poltronas assinadas por *designers* famosos.

Pelo exposto, caro leitor, devemos estar cientes de que, para o bom manejo das ferramentas semióticas, é preciso redobrar nossa atenção para perceber e saber lidar com a presença de índices "puros", índices manipulados e função-signo no processo comunicativo.

Apresentamos, para finalizar, uma síntese da relação entre comunicação, índice "puro", índice manipulado e função-signo.

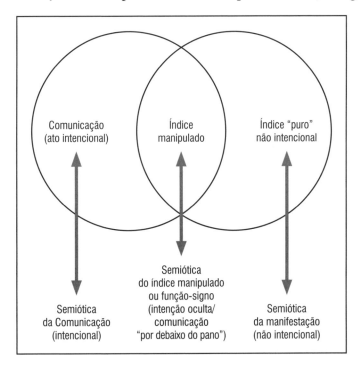

Gostaria de lembrar que a questão dos índices foi tratada Charles Sanders Peirce (1977) e Jean Baudrillard (1973).

Optei pelas teorias de Eric Buyssens e Roland Barthes, por considerá-las mais simples e didáticas.

Chegamos, prezado leitor, ao final da apresentação das ferramentas semióticas e seus acompanhantes. Em resumo, podemos trabalhar com:

- Sinal – estímulo intencional, não codificado.
- Signo – estímulo intencional, codificado.
- Código – programa que regula a relação significante/significado, formando o signo. Pode ser fechado (um significado: denotação) e aberto (mais de um significado: conotação).
- Relações sintagmáticas e paradigmáticas.
- Repertório – rede de referências.
- Símbolo – signo, cujo significante adquire conotações culturais criadas pelo repertório e pelo contexto sociocultural.
- Denotação, conotação, metáfora, metonímia, signo musical e sonoplástico.
- Cinésica: semiótica da expressão corporal.
- Proxêmica: Semiótica dos espaços e distâncias.
- O lado direito e o lado avesso do discurso: dialogismo, intertextualidade e polifonia.
- Signo linguístico e signo visual, iconicidade *versus* linearidade.
- A função fática da linguagem e "temperatura" da comunicação
- Ruídos negativos e positivos.

- Índice: manifestação não intencional que pode ser observada e interpretada.
- Índice manipulado ou função-signo: manifestação intencional que deve ser percebida como não intencional, a fim de gerar um efeito positivo no observador.

Bem, atencioso leitor, você, certamente, percebeu que há um longo e trabalhoso caminho a percorrer, desde o nascimento à maturidade, até alcançarmos o domínio das ferramentas semióticas. Mas, pensamos que vale a pena, pois a Semiótica é uma das chaves para entender o mundo em que vivemos. Foi com essas ferramentas semióticas e acompanhantes que fiz uma "excursão" por diversas áreas para detectar seus significados. Convido o leitor para acompanhar-me nas excursões feitas em política, área corporativa e poder totalitário. Espero que seja uma excursão instrutiva e... agradável, ou melhor, *cool*. Bom proveito.

Desvendando o discurso político e corporativo

"Meu avesso é mais visível do que um poste."
Manoel de Barros

Considerando os desafios que enfrentam, permanentemente, políticos e executivos, quando têm de comunicar-se com os diferentes públicos nas corporações e nos serviços públicos, trataremos, no presente capítulo, das questões e dos problemas de comunicação que envolvem as organizações. Verificamos que, em situações que exigem pronunciamentos eficazes, sobretudo em momentos de crise, as deficiências mais chocantes do discurso são as incoerências e a falta de transparência. O fato é que executivos, administradores e políticos nem sempre estão preparados para comunicar-se com o público de modo claro e convincente. A falta de consciência das incoerências e, até mesmo, dos disparates pode ser observada no pronunciamento de Neil Barofsky, advogado americano, ao denunciar fraudes na administração pública americana: "A transparência traz muito mais benefícios do que danos" (Barofsky, 2010: 52). Pois bem, nós iríamos mais longe, afirmando que a transparência **só** traz benefícios e constitui uma necessidade para a imagem das organizações.

Vamos, então, analisar, à luz da semiótica, as incoerências e inadequações de algumas mensagens produzidas no contexto político ou corporativo, procurando demonstrar como a função do discurso, além de informar, é gerar um efeito positivo nos destinatários e proteger o *ethos* (ou a imagem moral) do comunicador e da organização.

DISCURSO, REALIDADE E A RETÓRICA DO ABSURDO

Diante da insatisfação e dos protestos da população, por causa das graves falhas do controle do tráfego aéreo que têm ocasionado permanentes atrasos, cancelamento de voos e filas intermináveis nos aeroportos do Brasil inteiro, em 2007, Nelson Jobim, ministro da Defesa do então governo brasileiro, procurou tranquilizar a opinião pública e a imprensa, ao afirmar que a situação estava sob controle, argumentando categórico:

> "A fiscalização existe. A eficácia dessa fiscalização é que é o problema."
> (Toledo, *Veja*, 14 nov. 2007, p. 90)

Como é possível que, sem eficácia, a fiscalização exista? Não precisamos de uma análise mais profunda para considerar a frase do ministro talvez uma brincadeira, uma ironia ou, melhor ainda, um *nonsense*, e mesmo um disparate. Mas o ministro falava seriamente, assegurando que, apesar do caos aéreo, a situação estava controlada... embora sem a fiscalização eficaz. De fato, o ministro não estava brincando: o que ele fez foi usar uma estratégia discursiva para contornar uma questão embaraçosa e causar um efeito positivo nos ouvintes. É uma falha não dizer nada: é preciso dizer algo que tenha um sentido favorável, a fim de reforçar uma imagem edificante de si mesmo. Em outras palavras, devemos cuidar de nosso *ethos*, a saber, o conjunto de características que definem o caráter e a imagem moral do indivíduo (Amossy, 2011). É bom lembrar que tal estratégia não é nova e nem específica de uma cultura ou um país. Gustave Flaubert, em suas críticas mordazes ao discurso estereotipado e vazio da sociedade burguesa, já apresentara, no *Dictionnaire des idées reçues* (Dicionário das ideias prontas) – publicado em 1913 e, mais tarde, anexado ao romance *Bouvard e Pecuchet* – um respeitável dossiê de lugares-comuns que deveriam ser ditos sempre que o indivíduo desejasse ostentar uma imagem positiva de si mesmo. Eis alguns exemplos do *Dictionnaire:*

- Aquiles – sempre acrescentar "de pés ligeiros", o que leva a crer que lemos Homero.
- Adolescente – começar um discurso de distribuição de prêmios sempre por "jovens adolescentes".
- Alemanha – Que organização militar!
- Ambição – sempre precedida de "louca" quando ela não é nobre.
- Bandidos – todos ferozes.
- Banqueiros – Todos ricos. Árabes etc.
- Ingleses – todos ricos.
- Negras – mais quentes do que as brancas.
- Pudor – o mais belo ornamento da mulher.
- Rosto – espelho da alma.
- Vinhos – o melhor é o bordeaux, pois os médicos o aconselham.
(Flaubert, 2002: 4, 5, 9, 67, 73, 87)

Para Flaubert, poderiam figurar no *Dictionnaire* ilustres personalidades, como:

- Fénelon: "A água é feita para sustentar estes prodigiosos edifícios flutuantes que denominamos navios."
- Luís Napoleão: "A riqueza de um país depende da prosperidade geral."
(Flaubert, 1966: 19-21)

É relevante lembrar que Flaubert explica o funcionamento desse discurso do absurdo a partir do pressuposto de que: "A besteira humana consiste em querer sempre concluir" (Flaubert, 1966: 25).

Assim, podemos também explicar o mecanismo das estratégias discursivas, produzidas para enfrentar questões difíceis e comprometedoras: trata-se de construir uma narrativa que contenha uma conclusão e confira sentido ao absurdo, ou mesmo, ao *não sentido*.

Pelo exposto, a função do discurso não é apenas informar. Na verdade, o discurso, do ponto de vista semiótico, tem, basicamente, a função de criar um efeito no destinatário da mensagem, a fim de reiterarmos uma imagem, ou, melhor ainda, um *ethos* favorável. No caso do discurso político ou corporativo, a mensagem deve criar uma imagem positiva, mostrando a instituição como uma organização competente, ética e transparente. Na prática, entretanto, o discurso funciona de modo a "esconder" mais do que "mostrar". Com efeito, a análise semiótica e linguística revela como o discurso, em situações de crise, é articulado, em sua face "direita", para transmitir uma imagem de perfeição e de heroísmo (como uma manifestação da *síndrome de John Wayne*, o invencível "cowboy"), embora, em seu "avesso", tal discurso contenha os pressupostos típicos de uma intertextualidade autoritária, conservadora e discriminatória. Neste capítulo, nosso objetivo é demonstrar como, frequentemente, as estratégias discursivas manipulam os signos, por meio de uma narrativa marcada por estereótipos e incoerências semânticas. O discurso procura, então, encobrir o essencial, que se aloja em seu lado avesso, dando ênfase a detalhes que se encontram em sua face "direita". O papel da Semiótica é desvendar o avesso do discurso.

A NATUREZA DIALÓGICA DO DISCURSO

Em entrevista realizada no final de seu mandato, o então presidente Fernando Henrique Cardoso, quando indagado sobre como se sentia "às vésperas de passar a faixa presidencial para um líder operário", declarou:

> Eu acho que é isso o que me *deixa mais contente*. Quer dizer, *naturalmente, qualquer outro* que fosse eleito eu teria uma satisfação *imensa*, ... mas é claro que há *um significado especial* em passar para um líder operário, para um homem que vem de lutas sindicais, um homem que eu conheci nos anos 70, quando havia ainda uma ditadura e nós estivemos juntos em muitas campanhas, de modo que isto a mim *me dá, eu diria, uma emoção*. Eu espero *com ansiedade* o momento em que o *mundo todo vai ver*, mesmo que *seja inabitual* que uma pessoa com formação acadêmica, como a que eu tive, chegasse à Presidência, *mais inabitual* ainda que a faixa seja transmitida a um líder operário, e verão *que mais inabitual* ainda que será feito com esse espírito brasileiro que é *de cordialidade*." (*Folha de S.Paulo*, Caderno Especial, 29 out. 2002, p. 3, grifos meus.)

Aparentemente, o sentido do texto é bem claro e não deixa margem a dúvidas: o presidente se diz contente, e até emocionado, por passar a faixa presidencial não a um mero candidato eleito, mas, em especial, a um líder operário, sindicalista e ativista político que lutou contra a ditadura. No entanto, uma

133

releitura atenta poderá conduzir-nos a detectar, nas dobras desse mesmo discurso, significados implícitos que podem conferir-lhe um sentido bem diferente.

Com efeito, basta observar a abundante recorrência a adjetivos, advérbios e expressões "superlativas", com que o sujeito do discurso valoriza o gesto de "passar a faixa":

- *é isso que me deixa mais contente*
- *eu teria uma satisfação imensa*
- *isto a mim me dá, eu diria, uma emoção*
- *espero com ansiedade*

Esse investimento superlativo parece reiterar o pressuposto básico de que "passar a faixa" é, habitualmente, uma atitude eufórica do presidente, pois teria, naturalmente, uma satisfação imensa com qualquer candidato. Esse gesto, todavia, agora torna-se magnânimo, na medida em que o eleito é especial, ou, mais ainda, inabitual: além de líder operário e sindicalista, o candidato é:

- *um homem que* eu *conheci nos anos 70*
- *quando havia ainda uma ditadura*
- *e* nós *estivemos juntos em muitas campanhas* (grifos meus)

O sujeito do discurso coloca-se, assim, como tão especial quanto o líder operário. E não só especial, mas, sobretudo, inabitual, pois não é usual que:

- *uma pessoa de formação acadêmica, como a que* eu *tive, chegasse à Presidência* (grifos meus)

Mas há algo mais inabitual ainda que o mundo todo vai ver, a saber, a transmissão da faixa será feita:

- *com esse espírito brasileiro que é de cordialidade*

Eis, talvez, o pressuposto-chave desse enunciado: o mundo inteiro é testemunha de que, ao transmitir a faixa, o presidente, tão excepcional quanto o sucessor, é, sobretudo, democrata, magnânimo e cordial.

Cabe uma pergunta: por que reiterar de forma tão superlativa a excepcionalidade e, principalmente, a cordialidade do gesto? Talvez porque a transmissão do cargo a um inabitual adversário político não seja naturalmente cordial. Esse poderá ser, então, o outro sentido do texto: o presidente é sempre cordial e sua cordialidade é exaltada pela ausência da não cordialidade. Fica bem ilustrado o princípio fundamental da análise linguístico-semiótica do discurso: todo enunciado poderá ser lido em seu "direito" ou em seu "avesso". A transmissão da faixa ao eleito não é o tema central: o eixo do discurso é, em última análise, a oposição cordial *versus* não cordial. Estamos, portanto, diante de um diálogo entre dois textos e duas vozes (cordialidade *versus* não cordialidade). Dialogismo, intertextualidade e polifonia estão na própria essência do conceito de discurso, tal como foi proposto por Mikhail Bakhtin: para constituir seu discurso, o enunciador tem de, inevitavelmente, levar em conta outros discursos que estarão em oposição dialógica com o seu próprio. (Bakhtin, 1975; Fiorin, 2016).

Pelo exposto, nenhum discurso é, em princípio, totalmente autônomo, monológico e monofônico. Suportado por toda uma intertextualidade, o discurso não é dito por uma única voz, mas por muitas vozes, geradoras de textos que se entrecruzam no tempo e no espaço, a tal ponto que, muitas vezes, se faz necessária uma escavação linguístico-semiótica para recuperar a significação profunda dessa polifonia. A tarefa linguístico-semiótica será, então, detectar a rede de isotopias (ou eixos semânticos, como é o caso de cordialidade *versus* não cordialidade) que governam as vozes, os textos e, finalmente, o discurso.

Tal escavação nos revelará como o sentido primeiro de um enunciado nem sempre corresponde necessariamente (e, em certos campos, como o político, quase nunca) à significação profunda do intertexto em que se teceu o discurso. Em outros termos, o discurso parece tratar do referente X, quando, na verdade, o tema é o referente Y, oculto nas malhas da intertextualidade. É a ilusão referencial. O enunciador leva o destinatário a dois níveis de descodificação: um, no plano da superfície, em que se capta o referente X (ilusório); outro, na estrutura profunda do intertexto, em que se absorve, "inconscientemente", o referente Y, correspondente às verdadeiras intenções do enunciador.

A natureza do discurso tende a ser, destarte, intertextual, dialógica e polifônica.

FUNÇÃO DO DISCURSO

Poderia caber uma objeção: na medida em que pode abrigar níveis de sentido diversos, suscitando, então, diferentes leituras de uma mesma mensagem, será que essa natureza dialógica, intertextual e polifônica não desfiguraria o modelo clássico da comunicação (emissor, código, mensagem, receptor, entendimento e retroalimentação)? Ocorre que tal modelo é um truísmo insuficiente para explicar o funcionamento do discurso na comunicação, pois esse vai além de transmissão de informações de um emissor para um receptor. É oportuno lembrar agora

Émile Benveniste, cujas observações sobre a função do discurso permitem compreender o alcance da natureza dialógica, intertextual e polifônica proposta por Bakhtin. Segundo Benveniste, o discurso se caracteriza:

- por uma **enunciação**, a qual supõe um **enunciador** e um **destinatário** (ou enunciatário, e não apenas um mero receptor);
- pela intenção do enunciador em gerar um **efeito** no destinatário, a fim de obter-lhe a **colaboração** ou **resposta** desejada.

(Benveniste, 1974)

É evidente que o efeito deve ser positivo ou favorável, para que o destinatário produza a resposta desejada pelo enunciador. O dialogismo, a intertextualidade e a polifonia permitem ao enunciador conduzir (ou não) o destinatário, de forma velada, sutil, implícita, para o efeito e a resposta desejada. Os ingredientes geradores do efeito positivo (ou negativo) residem justamente no avesso, no não dito, no intertexto.

Cruzamo-nos aqui com a função conativa da linguagem, tal como foi proposta por Roman Jakobson, no conhecido modelo das seis funções da linguagem: referencial, emotiva, conativa, metalinguística, fática e poética (Jakobson,1969: 129). O caráter intertextual e polifônico (Bakhtin), bem como a função geradora de efeitos (Benveniste), parecem estar contemplados pela função conativa, cujo objetivo básico é obter a resposta do destinatário. Tal resposta pode ser obtida por estratégias coercitivas e autoritárias (ordens, uso do imperativo: "faça!"). O dialogismo intertextual e a polifonia permitem, contudo, que a adesão do destinatário se realize de modo mais implícito, sutil, "inconsciente".

É por esse itinerário teórico que desembocamos no conceito de *persuasão*. É oportuno lembrar que, etimologicamente, *persuadir* – da mesma origem da palavra *suave* – significa "convencer de modo doce, suave". Pelo exposto, a função do discurso é, então, persuadir o destinatário, isto é, convencê-lo de forma suave, sutil, o que pode tornar a persuasão uma forma velada de manipulação. Em última análise, o discurso tem a função de fazer crer e, consequentemente, fazer fazer. É o caso do discurso totalitário.

Com a frase *Arbeit macht frei* (O trabalho faz (ou traz) a liberdade), os administradores dos campos de concentração no estado nazista tinham a intenção persuadir os prisioneiros a crerem na nobreza do trabalho; tal aviso, no entanto, estava enredado nas malhas da intertextualidade da doutrina do arianismo, baseada na oposição ariano (aquele que trabalha) *versus* não ariano (aquele que não trabalha). Dentre os vários exemplos de discursos nazistas de cunho moralista e educativo, vale citar uma "recomendação" – colocada no teto do principal edifício do campo de concentração de Dachau (Alemanha) – cujo objetivo era "persuadir" os prisioneiros a alcançarem o caminho da liberdade, cultivando as seguintes qualidades: obediência, zelo, honestidade, ordem, propriedade, temperança, verdade, espírito de sacrifício e amor pela pátria (Berben, 1976: 8). Parece claro que tais qualidades "arianas" se encontravam no "direito" do enunciado, enquanto no "avesso" estava subentendido que os prisioneiros (os não arianos ou as antirraças) não tinham nenhuma dessas mesmas qualidades; considerando que seria impossível cultivá-las no cenário perverso dos campos de extermínio, ficava também implícito que a liberdade nunca seria alcançada. Vale observar que pode haver duas percepções para esse mesmo discurso:

1. Para a análise linguístico-semiótica, que permite a detecção dos níveis de sentido (direito e avesso), trata-se de um discurso manipulatório.
2. Para os enunciadores e destinatários, o discurso não tem dois lados: ele é explícito, monológico e monofônico. O destinatário deve crer que o caminho da liberdade passa, obrigatoriamente, pela prática das qualidades "decretadas" pelos administradores dos campos.

E o discurso corporativo? Não deve ser ele monofônico, a fim de comunicar, de modo explícito, a missão, as metas, a filosofia de gestão, os produtos e as mudanças da organização? É o que veremos a seguir.

O DISCURSO CORPORATIVO

Já é lugar-comum falar da importância da comunicação para as empresas e o ensino da ciência da Administração proclama que a comunicação é a ferramenta básica para propiciar visibilidade interna e externa da empresa, na medida em que possibilita não só a produção e distribuição, mas também a recepção de informações que circulam para dentro e para fora da organização. Ao zelar pela qualidade dos diversos fluxos de informação que circulam interna e externamente na organização, a comunicação empresarial deve, portanto, produzir um discurso estratégico, qual seja, o de gerar um efeito positivo nos acionistas, nos *stake holders*, nos clientes, no mercado e na sociedade, de modo a preservar a identidade e a imagem da instituição. Numa primeira instância, tal discurso deve ser, em princípio, transparente, explícito e monofônico. Mas, na prática, ocorre que, para gerar efeitos positivos e obter a adesão do destinatário, o enunciador acaba por construir um discurso dialógico, em que se desenvolve uma relação polêmica entre o texto e o intertexto, o dito e o não dito, a voz explícita e a voz implícita. Essa obsessão pelo efeito positivo e, consequentemente, pela imagem sempre favorável da organização é o que se pode denominar a *síndrome John Wayne* (o herói imaculado e imbatível). Qualquer que seja a dimensão de uma crise, a empresa teria de, permanentemente, ostentar uma imagem favorável. Mas ocorre que o discurso dialógico e polifônico nem sempre gera efeitos positivos. Vejamos alguns casos.

I. O caso da empresa XYZ (nome fictício)

A XYZ, empresa responsável pela administração do turismo, recebeu a seguinte carta de uma cliente insatisfeita com o atendimento:

> [...] liguei para a XYZ e pedi o telefone de uma empresa de turismo de Campinas. Fui atendida por um senhor de nome Manuel, que não está classificado nem para atender porta, quanto mais telefone. Pois bem, pedi-lhe o nome da empresa e, antes de verificar na listagem ou computador... ele já disse que o nome não estava certo. Retruquei que era impossível ele saber, pois não havia consultado nenhuma lista. Daí ele disse para ligar mais tarde, pois a pessoa que poderia me atender estava ocupada e não iria parar de fazer o que estava fazendo. A XYZ não é um órgão que tenta passar imagem de perfeição e ajuda ao turismo? [...].

Eis a resposta da XYZ:

> Esclarecemos que o funcionário citado não exerce a função de prestar informações ao público. Trata-se, na verdade, de um servente de idade avançada, tido, mesmo entre os seus

colegas, como uma pessoa rústica. Assim, ao mesmo tempo em que lamentamos o ocorrido, informamos à leitora que todas as providências já foram tomadas no sentido de evitar a repetição desse condenável incidente. Lembramos, ainda, que todos os funcionários do Centro de Atividades Descentralizadas (Cade) fazem questão de primar pela cortesia e pelo bom atendimento.
(*O Estado de São Paulo*, Cidades, São Paulo Reclama, 26 mar. 1994, p. 2, grifos meus)

Numa primeira leitura, percebe-se o empenho do enunciador em desfazer a má impressão e gerar um efeito positivo, por meio da menção explícita aos funcionários do Cade (nome longo e sofisticado), que primam pela cortesia. Se os funcionários da XYZ atendem bem, quem será o culpado pelo "condenável" incidente? O servente Manuel, é claro. E o enunciador constrói um diálogo polêmico: cortesia da XYZ *versus* rusticidade de Manuel. Essa rusticidade é explicada por tratar-se de um servente de idade avançada. No avesso do discurso, o sentido mais profundo é instaurado pela oposição discriminatória e preconceituosa entre juventude/cortesia/competência *versus* velhice/grosseria/incompetência. Nesse caso, a almejada imagem de perfeição é "arranhada" pelo pressuposto de que a causa da incompetência é a velhice rabugenta. O discurso poderia ser monofônico e transparente: "Erramos".

II. O caso da empresa Waters (nome fictício)

Em razão de reportagem em que se questionava a pureza da água distribuída pela empresa WATERS, essa organização, para defender seu produto e sua própria imagem, publicou a seguinte Nota Oficial na imprensa:

A WATERS vem mais uma vez a público, para garantir a qualidade da água que distribui a mais de 24 milhões de pessoas e afirmar que estão equivocadas as informações contidas em reportagem sobre a presença de germes na água distribuída para a população... Essas afirmações poderão induzir, inadvertidamente, ao consumo de água em fontes alternativas e não controladas, nem pela WATERS nem pela vigilância sanitária, o que representa riscos concretos à saúde pública. A WATERS é uma empresa que prima pela qualidade da água que distribui e, por isso, teve todos os seus laboratórios certificados pela ISO 9002. A presença do protozoário "criptosporidium" é *um fato comum em águas de abastecimento, em todo o mundo*. Em vários países, os cientistas estão fazendo pesquisas sobre as melhores técnicas para *detectar e eliminar esse germe* das águas para distribuição. Essas pesquisas ainda não estão concluídas, *nem mesmo nos Estados Unidos*, onde *a rigorosa* EPA – Agência América Ambiental – ainda não definiu os padrões mínimos aceitáveis da presença do "criptosporidium". São Paulo coloca-se *ao lado das grandes nações* ao apoiar pesquisa realizada pela Universidade... As amostras que serviram como base para a pesquisa [...] indicam *valores totalmente idênticos* àqueles encontrados nas águas distribuídas nas cidades dos *Estados Unidos, Canadá* e outros países.
(*O Estado de São Paulo*, Nota Oficial, 18 mar. 2000, p. 1, grifos meus.)

Parece que, se a WATERS pretendia gerar um efeito positivo, o resultado foi exatamente contrário a essa intenção, por várias razões:

1. Há uma flagrante contradição entre negar a presença de germes e, depois, afirmar que estão sendo feitas pesquisas "para eliminar esse germe".
2. A verdadeira qualificação da empresa não é a outorgada pela ISO 9002, mas está baseada no pressuposto de

que, ao conter os mesmos germes que se encontram nas águas americanas e canadenses, a WATERS está no mesmo nível das empresas de Primeiro Mundo.
3. Outro pressuposto é o de que a WATERS não é rigorosa, uma vez que o avesso do discurso qualifica como rigorosos os Estados Unidos e a Agência América Ambiental. Essa qualificação se produz por meio de duas expressões não muito perceptíveis numa primeira leitura, quase não ditas (embora tenham sido ditas):
- *nem mesmo* os Estados Unidos
- onde a *rigorosa* EPA

Essas duas "pequenas" e "rápidas" expressões instauram, na verdade, a oposição fundamental do texto, escondida no intertexto: Primeiro Mundo competente *versus* Terceiro (?) Mundo incompetente.

Ao partir dessas "fugazes" expressões para chegar aos grandes pressupostos do discurso, parece-nos possível demonstrar o alcance do método da Semiótica, o qual consiste em decifrar o "grande" através do "pequeno", pois o que realmente interessa à Semiótica não é o *visível*, mas o *inteligível*. A ideia de que o "pequeno" conduz ao "grande" está impecavelmente sintetizada na frase *Deus se esconde nos detalhes*, de Flaubert e Warburg, citada em epígrafe no brilhante ensaio de Carlo Ginsburg: *Chaves do mistério: Morelli, Freud e Sherlock Holmes* (em Eco e Sebeok, 1991: 96). Nesse artigo, Ginzburg aponta o paralelismo entre Sherlock Holmes, Freud e o crítico de pintura Giovanni Morelli, ressaltando o fato de que Freud ficara impressionado com o método interpretativo de Morelli, baseado na apreensão de detalhes marginais e irrelevantes enquanto chaves reveladoras.

Para Morelli, o pormenor insignificante é revelador na medida em que, como dificilmente pode ser falsificado ou camuflado (já que não é premeditado), pode conduzir à revelação do conjunto a que pertence. Outro não é o procedimento de Freud ao deter-se nos pequenos lapsos de memória ou de linguagem para explicar, por exemplo, o esquecimento dos nomes próprios.

III. O caso da empresa Whistling (nome fictício)

Os candidatos a um emprego na empresa Whistling devem preencher uma condição básica para sua admissão, a saber, ler atentamente e praticar fielmente as regras de dois documentos:

1. A Declaração de Princípios
2. O Regulamento Disciplinar Interno

A análise linguístico-semiótica desses textos demonstra como o efeito de sentido desejado pela organização é arquitetado por um diálogo entre o discurso da normalidade comportamental *versus* a anormalidade comportamental. O efeito de sentido desejado é que os funcionários da instituição tenham um comportamento normal. Esses documentos devem ser lidos, assinados e praticados pelos funcionários. Não será difícil detectar nesses textos o direito e o avesso: a afirmação de uma qualidade já implica a negação de um defeito, o qual se encontra num discurso implícito, em permanente polêmica com o explícito.

A Declaração de Princípios reflete o *ethos* da empresa. Eis alguns dos princípios:

> Eu, fulano de tal, prometo, solene e fielmente, com otimismo e entusiasmo, que seguirei os princípios que a seguir declaro:

- Amar o Brasil, dedicando-me integralmente a ele e trabalhando sempre mais e melhor, *até onde minhas forças permitirem.*
- Colocar os interesses públicos, os da instituição e demais organizações *acima dos meus próprios interesses.*
- Dentro da convicção de que "*só o trabalho pode produzir riquezas*", agir com plena dedicação, com todo o meu amor, minha disciplina e justa humildade.
- Respeitar e manter o *princípio da hierarquia*, condição essencial, quer no *Estado, na Família e na Sociedade*, para o aprimoramento do homem. (grifos meus).

No Regulamento Disciplinar Interno, vale destacar as seguintes regras:

- trajar-se de modo conveniente *e asseado*, mantendo sua aparência física sem exageros e extravagâncias;
- zelar *pela limpeza* e boa ordem do local de trabalho... (Segnini, 1988)

Percebe-se, nesses princípios e regras, a exaltação do amor à pátria, da coletividade, do trabalho e da limpeza. Não deve ser exagero encontrar exaltação semelhante na intertextualidade da doutrina totalitária em que se contemplam, como nos já citados aforismos nos campos de concentração, os pressupostos da obediência, da ordem, da limpeza, do trabalho libertador e, acima de tudo, do amor à pátria. A entronização do trabalho, como caminho para a liberdade e a riqueza fica patente no paralelismo das duas fórmulas:

- *Arbeit macht frei* (O trabalho faz (ou traz) a liberdade)
- *Só o trabalho pode produzir riquezas*

Mas a primazia do coletivo sobre o individual já fora proclamada, em 1925, por... Adolf Hitler, em *Mein Kampf* (*Minha Luta*):

> A coroação de todo espírito de abnegação reside no sacrifício da própria vida individual em prol da existência coletiva.
>
> [...] o idealismo genuíno não é mais nem menos do que a subordinação dos interesses e da vida do indivíduo à coletividade... Só ele é que conduz os homens a reconhecerem espontaneamente o privilégio da força e do vigor, fazendo deles uma poeirazinha insignificante... (Hitler, 1983: 194; s/data: 298-9)

Pelo exposto, as organizações podem estar diante de um dilema de ordem ética: na obsessão de perseguir um efeito de sentido favorável para seus produtos e sua imagem, o discurso corporativo e político pode comprometer-se com uma intertextualidade cujas vozes nem sempre são portadoras de conteúdos propriamente éticos. Tal envolvimento poderá levar a formulações incoerentes e contraditórias que beiram, muitas vezes, o absurdo semiótico. Um exemplo perverso de ruído semiótico é a normalidade, e até naturalidade, de que se investiu o discurso dos técnicos que se empenharam na construção de incineradores cada vez mais eficazes e econômicos nos campos de concentração de Auschwitz, Dachau, Buchenwald e tantos outros. Esse discurso – que poderia ter sido extraído de uma peça de Ionesco, Beckett ou Jarry – não seria tão absurdo assim: mudando os nomes, o espaço e o tempo, os argumentos utilizados, em 1939, pelo "competente" construtor de fornos industriais, o engenheiro Kurt Prüfer – da Topf und Söhne, firma vencedora da concorrência para a construção dos incineradores nos campos nazistas – poderiam perfeitamente caber agora numa proposta em que uma empresa procurasse persuadir o cliente das vantagens de seus produtos.

Parece evidente então que, ao nos possibilitar o desvendamento dos múltiplos sentidos do discurso, revelando-nos os pressupostos e estereótipos alojados no avesso dos enunciados, a Semiótica pode funcionar como uma chave para entender o mundo feito pelo homem e contribuir para a formação de uma percepção crítica, fundamental para a transparência e a coerência da comunicação corporativa e política.

Nazismo, um modelo exemplar de totalitarismo

> "[...] *máquinas bem azeitadas que o regime podia acionar com o apertar de um botão para o cumprimento de suas ordens, fossem elas quais fossem.*"
>
> Daniel J. Goldhagen, Os carrascos voluntários de Hitler

Por que o nazismo?, poderia perguntar o leitor. De fato, a pergunta é cabível. Afinal, muito já se falou sobre o nazismo. É um tema recorrente em literatura, cinema, teatro, TV, mídia, museus, exposições em que expõem as atrocidades cometidas no Holocausto e que causaram o assassinato de milhões de pessoas. Por que tratar desse tema num livro de Semiótica? Podemos dizer que a inclusão do tema se deve ao fato de que a Semiótica está na base da construção da doutrina nazista que legitimou o poder totalitário e a aplicação de políticas racistas na Alemanha. Com efeito, a ideologia do Estado nazista estava fundamentada numa doutrina que elegeu o arianismo como o eixo em torno do qual giravam as ideias, os planos e as práticas do Terceiro Reich. Nunca é demais lembrar que a teoria do arianismo consistia na entronização do ariano (inclusive o alemão) como a "raça" pura, cuja preservação era indispensável para a paz, a harmonia e a felicidade dos povos. Era preciso proteger e defender o ariano, mantendo-o a salvo das "antirraças" (judeus ou semitas, ciganos, homossexuais etc.). Consequentemente, a salvação do ariano implicava, no limite, a eliminação das antirraças. Essa teoria foi de uma notável eficácia para o marketing político do partido nazista, pois ela era difundida – pelos vários meios de comunicação da época, como comícios, eventos, rádio, jornal, cinema – para uma população que, empobrecida e sem esperança, aderiu ao nazismo. Ocorre que a teoria do arianismo foi elaborada a partir de toda uma intertextualidade que, desde os primeiros séculos da era cristã, indicava um desconforto na convivência com os judeus. Esse mal-estar foi crescendo, ao longo dos séculos, transformando-se num forte sentimento antijudaico, gerado por duas causas:

a. a imagem de deicida atribuída aos judeus, uma vez que eles foram responsabilizados pelo martírio e a morte de Jesus Cristo;
b. a resistência dos judeus em converter-se ao cristianismo e reconhecer Cristo como a divindade suprema.

Conforme observou o historiador Raul Hilberg, em seu penetrante *The Destruction of the European Jews* (A destruição dos judeus europeus), o antijudaísmo culminou por desencadear, na comunidade cristã, dois desígnios: a) um primeiro projeto determinava que os judeus não deveriam viver *como judeus* entre os cristãos; b) já um segundo projeto era mais radical, ao estabelecer que, por não se submeterem às conversões, os judeus não deveriam viver entre os cristãos (Hilberg, 1985: 8).

Utilizando a ferramenta semiótica da conotação dos signos, podemos dizer que o significado do segundo projeto era a exclusão e, no limite, a condenação à morte – como foi o caso da Inquisição.

O antijudaísmo foi se enraizando a tal ponto no repertório das comunidades europeias (Alemanha, Polônia, Hungria, Rússia, França) que se tornou, ao longo do tempo, um sentimento *natural* de desconforto e, sobretudo, de ódio.

A teoria do arianismo, no século XIX, muito se nutriu do *ódio aos judeus*, como veremos neste capítulo. De fato, o arianismo surgiu no entusiasmado contexto cultural do século XIX, caracterizado por um empenho de historiadores, linguistas, filólogos e antropólogos em descobrir a origem das línguas e das chamadas "raças". Língua original, "raça" original eram os temas perseguidos pelos estudiosos da época. Desenvolvendo um trabalho de comparação entre os grupos de línguas indo-europeias, linguistas e filólogos conseguiram detectar a origem desses grupos, a saber, o "indo-europeu", idioma que seria falado pelos *aryas*, povo que viveu na Índia antiga. Alguns linguistas e historiadores alemães encantaram-se com a descoberta dos *aryas*, que seriam, segundo esses estudiosos, a "raça" primeira, a raça pura, cuja língua seria igualmente pura. A relação entre a pureza dos aryas e a pureza de alguns povos e línguas indo-europeias, principalmente o grupo germânico foi, por assim dizer, imediata. Daí a teoria do arianismo que elegeu o povo alemão como o fiel representante da pureza ariana. No entanto sabemos, pela lição de Mikhail Bakhtin, que os signos não existem isolados, mas estão sempre numa relação dialógica com seu par oposto (Brait, 2005). O ariano, para existir, estava sempre num diálogo antagônico com seu avesso: o semita, representado pelo judeu. Os dois não podem coexistir: como o ariano tem de ser preservado – para a felicidade e o bem-estar da humanidade – o semita/judeu tem de ser eliminado. **Ariano** *versus* **semita** foi o eixo básico que norteou os processos de persuasão do Estado nazista. Assim, as estratégias propagandísticas do nazismo buscavam sempre enaltecer as virtudes ariano/alemão e acentuar o caráter corrompido e deletério do semita/judeu. Como já demonstramos, a existência do ariano – indispensável para o bem da humanidade – implicava a eliminação do judeu.

Fica evidente, portanto, que a utilização do discurso em defesa do ariano constituía o argumento fundamental para justificar e legitimar a "indústria da morte" praticada pelos nazistas nos campos de concentração e de extermínio, como Auschwitz-Birkenau, na Polônia. Considerando que a raiz da ideologia nazista – que culminou na chamada "Solução Final" ou na matança de milhões de pessoas – é um argumento linguístico, feito de palavras ou signos, *a Semiótica pode ajudar-nos, então, a entender não só como se deu a construção do discurso arianista, mas também a singularidade do Holocausto perpetrado pelo estado nazista.*

Cabe esclarecermos que o termo *singularidade* foi cunhado pelo já citado historiador Raul Hilberg. Segundo esse notável pesquisador, o Holocausto se reveste de uma *uniqueness* (singularidade, "originalidade") que o diferencia de outros genocídios, constituindo um evento "sem precedentes na história da humanidade" (Hilberg, 1985: 7). Com efeito, o Holocausto foi o ponto-final de um processo que se desenvolveu em três etapas:

1. Construção de uma doutrina, base do pensamento e da ideologia nazista, que consistia em entronizar o ariano/alemão como modelo de cidadão honesto, idealista, totalmente dedicado à pátria. Para preservar a pureza do ariano/alemão, em contraposição, os não arianos (sobretudo, o semita/judeu) deveriam ser excluídos ou, melhor ainda, eliminados.

2. Para executar essa doutrina, era preciso uma governança absoluta, baseada numa organização administrativa regulada por um controle total do comportamento dos cidadãos, a fim de garantir a obediência – em primeiríssimo lugar – a ordem, a dedicação, o idealismo, a honestidade, enfim todas as qualidades do ariano/alemão. Para atingir esse objetivo, estruturou-se uma administração verticalizada, com um poder total que emanava do Führer (guia) e percorria todos os degraus da administração. Era o poder total para garantir a obediência total. Decorria daí a necessidade de dominar outros países, por receio de que não arianos contaminassem os alemães. É claro que o plano de dominação de outros países se devia a razões econômicas e políticas, mas esse era o avesso do discurso nazista.

É relevante acrescentar que o projeto do nazismo necessitava de um total apoio popular, o que justificou uma eficaz estratégia de propaganda para persuadir a população a aderir ao nazismo que prometia melhores condições de vida e esperança. Apenas como exemplo dessa competência persuasória, vale mostrar no filme *O Triunfo da Vontade* (1935), da cineasta Leni Riefenstahl, as reações delirantes da população diante de Hitler, o Führer, o guia salvador da pátria:

A cena ilustra bem o carisma do Führer, comprovando a eficácia das estratégias de propaganda utilizadas pelos líderes nazistas. Por isso mesmo, o cinema foi muito utilizado para divulgar a necessidade de combater o perigo judaico, representado no pôster a seguir, quando do lançamento, em 1940, do documentário *Der Ewige Jude* (*O Judeu Eterno*), de Fritz Hippler (Flem, 1985: 50-2).

NAZISMO, UM MODELO EXEMPLAR DE TOTALITARISMO

Cartaz de propaganda da exibição de *Der Ewige Jude* em 1937. Anônimo (publicado sob o pseudônimo "John Stalüter", às vezes como "Horst Schlüter".

Esse competente processo persuasivo incentivou a população em geral a também hostilizar, espancar e assassinar judeus, como assinala Daniel Jonah Goldhagen, o corajoso pesquisador, autor de *Os carrascos voluntários de Hitler*:

> [...] as ideias sobre judeus difundidas na Alemanha [...] induziram alemães comuns a sistematicamente matar judeus desarmados e indefesos – homens, mulheres e crianças – aos milhares e sem compaixão. (Goldhagen, 1997: 17)

3. A terceira etapa, o Holocausto, a Solução Final, executada sistematicamente nos campos de concentração e de extermínio, já estava preparada não só na mente dos perpetradores, mas também, e sobretudo, na mente da população.

Explica-se, destarte, a singularidade do Holocausto: foi um sistema racional, planejado metodicamente e, automaticamente, realizado como um dever, um mandamento ditado pela doutrina arianista. Resulta dessa constatação o interesse e a importância de estudar o caso do nazismo à luz da Semiótica. Como tão precisamente ressaltou Hilberg, o Holocausto – acontecimento único na história da humanidade, por seu caráter sistemático – foi obra de toda uma sociedade moderna e industrial que, deslumbrada com nova era prometida pela ideologia arianista, mobilizou especialistas, contadores, juristas, engenheiros, médicos, funcionários, policiais, soldados – todos fielmente arraigados em seus hábitos de ordem, de respeito à hierarquia e de preocupação com a eficácia – a fim de conduzir, sem grandes choques, o mecanismo da Solução Final. As etapas que exigiam mais cuidados – e aí entra a análise semiótica, pois envolve problemas de significado de signos, termos, palavras – foram as redações dos decretos que definiriam o termo "judeu", a expropriação dos bens judaicos, a separação e o isolamento físico dos prisioneiros, o trabalho forçado, a deportação, as câmaras de gás. Apesar desse grau de perversidade, nenhum segmento da sociedade alemã – burocracia, ministérios, forças armadas, o partido nazista, a indústria, os serviços públicos, as escolas e universidades – permaneceu estranho ou à margem do processo de destruição. O genocídio, na verdade, passou a fazer parte da rotina do cotidiano: cada indivíduo, conforme sua competência, aplicou os procedimentos normais diante de uma situação excepcional, desenvolvendo maquinalmente ou por amor à tarefa bem feita, brilhantes soluções de engenhosidade para definir, classificar, organizar e administrar um cenário tão singular, como se nada distinguisse o Holocausto das atividades cotidianas (Hilberg, 1985: 28-38).

Por todas essas razões, a análise das ferramentas semióticas que possibilitaram a montagem do estado nazista parece fundamental para compreendermos como se constrói o poder totalitário, sobretudo porque o nazismo não morreu com Hitler, mas continua bem vivo, funcionando como uma sedutora "escola" de totalitarismo.

Vamos apresentar, então, caro leitor, nos próximos três capítulos, momentos decisivos da implantação e da atuação do estado nazista, a saber, a criação da teoria da "raça" ariana, base ideológica de uma organização administrativa vertical, e de uma política ditatorial que determinaram a aplicação de práticas racistas e discriminatórias, cujo exemplo mais eloquente foi o Holocausto.

Assim sendo:

- No capítulo, intitulado "A invenção da raça pura", procuraremos descrever como se deu a concepção dessa teoria e seus desdobramentos.
- Sob o título de "A função dos signos no exercício do poder totalitário", serão explicitados os métodos de controle totalitário, por meio de marcas ou signos que indicavam o caráter e o comportamento dos prisioneiros.

- No capítulo "Primo Levi e a desconstrução semiótica da identidade em Auschwitz", com base no relato de Primo Levi – prisioneiro e sobrevivente do campo de concentração de Auschwitz –, demonstraremos como a organização administrativa dos campos de concentração, utilizando as ferramentas semióticas, reproduzia, metódica e maquinalmente, as práticas do poder totalitário para eliminar os prisioneiros não arianos ou as antirraças.

A invenção da "raça pura"

"Antes de ser construída de pedras, Auschwitz foi feita de palavras..."
(comentário atribuído a Abraham Joshua Heschel, filósofo judeu que acompanhou Martin Luther King em 21 de março de 1965, na Marcha de Selma, Alabama, pelos direitos civis)

"[...] a aritmética leva à filologia, e a filologia leva ao crime..."
(Eugène Ionesco, *La leçon*)

Voltar às origens, descobrir o povo ou a raça primitiva, recuperar a língua original deve ser mesmo o grande sonho ao longo da história da humanidade, porque, como bem observou Don Cameron Allen – citado em epígrafe, por Leon Poliakof, em *O mito ariano* (1974), "o homem é um incorrigível genealogista que consome a vida inteira à procura de um pai".

Nesse sentido, a noção de *indo-europeu*, como origem das modernas línguas europeias, como berço das civilizações europeias e indo-arianas, ou ainda como povo ou raça de onde se originaram europeus e indianos, tem sido tão sedutora e teve tais desdobramentos que "indo-europeu", talvez, seja muito mais conhecido e explorado por aquilo que *não é* do que por aquilo que *realmente seja*.

É oportuno, pois, logo de início, dissipar o manto da ilusão que envolve esse conceito e afirmar algo que, para o senso comum, pode soar como heresia ou disparate: indo-europeu não é propriamente uma língua ou um povo e, muito menos, uma "raça"!

Indo-europeu é, antes de tudo, uma *hipótese de trabalho* construída no século XIX por linguistas e filólogos que descortinaram o parentesco entre as línguas europeias e indo-arianas ou indo-iranianas, faladas na Índia e no Irã antigos (Stchoupak, Nitti e Renou, 1959: 82) – é relevante observar que "ariano" e "iraniano" originaram-se do termo sânscrito *aryas*, "nobre", "senhor". Tais estudiosos propuseram, para esses dois grandes grupos linguísticos, uma origem comum, batizada convencionalmente com o nome de "indo-europeu". Hipótese de trabalho... parece pouco, mas foi graças a essa hipótese que gramáticos, filólogos e estudiosos das línguas clássicas antigas, como o grego e o latim, desprenderam-se da ótica tradicional da cultura europeia, ampliaram os seus horizontes e perspectivas linguísticas, assentando, então, as bases da *gramática comparada* das línguas indo-europeias, um dos mais fecundos aparelhos teórico-metodológicos da moderna ciência linguística.

E tudo começou entre a segunda metade do século XVIII e o início do século XIX, com a revelação do sânscrito ao mundo intelectual do Ocidente. Vale salientar que essa refinada linguagem dos textos sagrados e literários do hinduísmo era denominada *sânscrito*, adjetivo que significa, justamente, "bem feito", "enfeitado", "adornado". Pasme o leitor! Logo o sânscrito, essa "coisa" oriental, exótica, mística, ensinada no Departamento de Línguas Orientais da Universidade de São Paulo, e que bem poucos sabem o que é e para que serve?

A propósito, um bom exemplo desse desconhecimento foi o seguinte e-mail que me foi enviado por um jovem, interessado em estudar línguas orientais na USP: *O senhor poderia me dizer o que é esse curso de Sãocristo?*

Pois é, caro leitor, foi o conhecimento do sânscrito – essa língua esquisita que tanta estranheza e (por que não dizer?)

tanta ferocidade tem despertado em ciosas e pragmáticas mentes, que, enxergando a universidade como uma ativa empresa, produtora ininterrupta de... salsichas (como aquelas do filme *Meu tio*, do genial e esquecido Jacques Tati), gostariam de banir tudo aquilo que não fosse "produtivo" –, foi justamente a revelação do sânscrito, repito, que possibilitou aos filólogos e linguistas, a partir da constatação do parentesco entre as línguas europeias e indo-iranianas, estabelecerem aquele que pode ser considerado o primeiro método seguro e objetivo para a análise e a descrição dos sistemas linguísticos, a saber, o *método histórico-comparativo*. Tal parentesco fica evidente num simples confronto de palavras sânscritas como formas latinas, gregas, eslavas, germânicas e de outros grupos de línguas europeias. São notáveis, por exemplo, as semelhanças formais entre: sânscrito *asti*, latim *est*, grego *esti* = "é" (forma verbal da 3ª pessoa do singular do presente do verbo *ser*); sânscrito *yugam*, latim *iugum*, grego *dzugon*, germânico *yuk* = "o jugo"; sânscito *pitr*, latim *pater*, grego *pater*, germânico *fadar* = "pai"; sânscrito *matr*, latim *mater*, grego *mater*, eslavo antigo *mati*, germânico *modar* = "mãe"; sânscrito *bhratr*, latim *frater*, grego *frater*, germâncito *brodar* = "irmão"; sânscrito *trayas*, latim *tres*, grego *treis*, eslavo antigo *trije* = "três" etc.

Na verdade, as semelhanças entre o sânscrito e as línguas europeias já tinham sido percebidas bem antes do século XIX. Ocorre, no entanto, que a história das ideias e do pensamento não é linear; ao contrário, ela é descontínua e, no dizer do eminente linguista Eugenio Coseriu, a história da ciência linguística é "cheia de ocos, a tal ponto que, reiteradamente, as mesmas coisas voltam a ser redescobertas" (Coseriu, 1977a: 132). Assim, já no século XVI, o italiano Filippo Sassetti (que morou em Goa) notara as correspondências entre o sânscrito e o italiano, sobretudo na categoria dos numerais – por exemplo: italiano *sette*, sânscrito *sapta*; italiano *nove*, sânscrito *nava* –, mas tais observações, que só vieram à luz no século XIX, eram pontuais, isoladas e careciam de uma interpretação mais profunda em que se identificassem as causas de tais semelhanças. A partir de aproximações entre formas como o sânscrito *danam* e o latim *donum* = "dom", sânscrito *agnis* e latim *ignis* = "fogo", sânscrito *asmi* e grego *eimi* = "eu sou", o jesuíta francês Coeurdoux, que viveu na cidade indiana de Pondichéry, foi mais longe ao sustentar, em 1768, em Paris, que as semelhanças entre o sânscrito, o latim e o grego se deviam a um parentesco de origem. Mas suas teses também permaneceram inéditas (só foram publicadas em 1808) e isoladas, sem a força e a ressonância necessárias para gerar um movimento científico e intelectual em torno da "descoberta" de uma origem comum das línguas europeias e indo-iranianas.

Tal movimento seria desencadeado pelo pronunciamento do diplomata inglês William Jones que, em 1786, na Sociedade Asiática de Calcutá, demonstraria como a *comparação* entre o sânscrito, o latim e o grego realçavam semelhanças formais e semânticas que só poderiam ser explicadas por um parentesco de origem. Esboçavam-se, então, noções fundamentais para o estudo histórico-comparativo das línguas indo-europeias: *comparação, parentesco* e *origem comum* (Leroy, 1971: 29; Robins, 1974: 134).

Era o embrião da *Gramática Comparada* das línguas indo-europeias ou, num plano mais amplo, da Linguística *indo-europeia*, na qual o sânscrito desempenharia um papel indispensável para o controle e a verificação das inferências obtidas pelo confronto e a comparação das formas sânscritas, latinas, gregas etc. Esse papel foi determinado, sobretudo, pela distância entre a Índia e o Ocidente. De fato, os enormes hiatos culturais, históricos e geográficos entre o mundo indiano e europeu tornaram o sânscrito um precioso instrumento de comparações e deduções. Assim, quando a semelhança entre formas latinas e gregas se estendesse também ao sânscrito, tal concordância não se deveria ao acaso, nem a uma eventual, e praticamente impossível, influência do latim ou grego sobre o sânscrito, e nem tampouco a uma relação "natural" entre forma e conteúdo (ou significante e significado), pois sabemos, conforme a lição clássica de Ferdinand de Saussure, que a relação entre a palavra e o seu significado, longe de ser permanente e "natural", é arbitrária e convencional (Saussure, 1975: 100; 2012: 108). Consequentemente, a proximidade formal e semântica entre o latim, o grego e o *distante* sânscrito só poderia ser explicada por uma origem comum. Como bem observou um dos grandes mestres da Linguística indo-europeia, o francês Antoine Meillet, em sua fundamental *Introduction à l'étude comparative des langues indo-européennes* (Introdução ao estudo comparativo das línguas indo-europeias): "[...] a coincidência de três línguas não contíguas é suficiente para garantir o caráter indo-europeu de uma palavra..." (Meillet, 1937, vol. II: 380).

Para ilustrar o papel do sânscrito na detecção da origem comum de formas europeias e indianas, vale citar, apenas como exemplo, os termos que designam o conceito "pensamento" nessas línguas; de fato, a comparação entre o sânscrito *manas*, o latim *mens* e o grego *menos* permite, a partir de elementos comuns às três línguas, como M e N, postular um origem, ou *raiz* comum que seria, por hipótese, *men-. O asterisco é uma convenção adotada por linguistas para indicar uma forma hipotética. E *men- seria, então, uma raiz indo-europeia *hipotética*, que não pode ser comprovada por documentos e foi estabelecida pela comparação entre as formas sânscritas, latinas e gregas, e pela constatação dos elementos que lhes eram comuns.

Foi, portanto, assim que a comparação de formas e a detecção de elementos comuns ao sânscrito, latim, grego, eslavo, germânico etc. permitiram aos linguistas a postulação de uma hipotética origem comum para esses grupos linguísticos: o indo-europeu.

Eclode, então, no começo do século XIX, um deslumbramento dos intelectuais e, particularmente, dos filólogos e linguistas: a reconstrução da língua original, o indo-europeu, a partir da comparação entre o sânscrito e as línguas europeias. *Origem das línguas, reconstrução da língua primitiva, comparação* passam a ser os temas dominantes. Em 1808, em seu entusiasmado livro *Über die Sprache und Weisheit der Indier* (Sobre a língua e a sabedoria dos indianos), publicado em Heidelberg, Frederico Schleguel (1772-1829), pioneiro dos estudos indianos, foi um dos primeiros a utilizar a expressão *vergleichende Grammatik*, "Gramática Comparada", bem como a proclamá-la como o método científico que conduziria à origem das línguas. Nessa obra tão representativa da mentalidade linguística da primeira metade do século XIX vale ressaltar duas questões de princípio, verdadeiros "pontos de honra", ardorosamente defendidos por Schleguel, e cujos desdobramentos determinariam alguns rumos "enviesados" da ciência linguística. Um primeiro ponto de honra para Schleguel é que a *vergleichende Grammatik*, "Gramática Comparada", ao estudar as relações entre o sânscrito e as demais línguas, poderia certamente fornecer "informações inteiramente novas acerca da genealogia da linguagem, assim como anatomia comparada deitou luz sobre a história natural" (Leroy, 1971: 30). Já é possível entrever nas palavras de Schleguel o vezo genealógico e o germe naturalista-positivista que iriam marcar toda uma geração de linguistas para quem as línguas deveriam ser estudadas como organismos naturais, que nascem, crescem, envelhecem e morrem. Um segundo ponto de honra era o papel primordial da Índia no contexto do mundo indo-europeu, dentro do clima de euforia gerado pela "descoberta" e o ensino do sânscrito.

É oportuno lembrar a atuação desbravadora da Escola Nacional de Línguas Orientais Vivas que, criada em Paris, em 1795, foi responsável pelo ensino e a divulgação das línguas e das literaturas da Índia e do Irã. Justifica-se o entusiasmo de Schleguel ao considerar os indianos como os criadores da linguagem, da sabedoria e da cultura indo-europeias. Tal concepção constituiu, na verdade, uma "faca de dois gumes" para a história do pensamento linguístico. De um lado, o entusiasmo pela Índia justificava-se plenamente: além de propiciar o estudo comparativo (ou a *Gramática Comparada*) e a descoberta da origem comum das línguas indo-europeias, a revelação do sânscrito descortinou, para os intelectuais do Ocidente, toda a riqueza temática e linguística da cultura e da literatura indianas. De fato, as vastas e variadas coleções de textos indianos tratavam de tudo: cosmogonia e religião nos *Hinos Védicos*, Filosofia nas *Upanichades*, História, Astronomia, Medicina, Direito (*Leis de Manu*), erótica (*Kamasutra*), música, literatura (as epopeias *Mahabharata* e *Ramayana*) e o teatro (Kalidasa).

Mas, apesar de toda essa exaltação da cultura indiana, o papel do sânscrito foi superestimado a partir de um viés da percepção histórica dos primeiros indo-europeístas. O fato é que o sânscrito foi valorizado não pelas qualidades e virtudes intrínsecas à expressão linguística e à cultura indianas, mas por um estereótipo que, durante o século XIX (e mesmo no século XX!), norteou formulações pretensamente científicas, a saber, a Índia ou o povo indo-ariano como a fonte mais pura e antiga de nossas origens culturais e linguísticas. Essa percepção enviesada e, sobretudo, *entusiasmada* acabou por desencadear uma verdadeira *indomania* para cuja difusão muito contribuíram as teorias de dois eminentes linguistas alemães: Frans Bopp (1791-1867), o "descobridor" da gramática comparada das línguas indo-europeias, e August Schleicher (1821-68), o "naturalista" da ciência linguística.

Bopp é, incontestavelmente, o criador do método histórico-comparativo, essencial para o estudo da origem e formação das línguas indo-europeias. Mas antes dele, no entanto, destaco alguns ilustres antecessores desbravadores e contemporâneos seus, como o já citado Schleguel e o dinamarquês Ramus Rask, pioneiro na descrição e comparação das línguas indo-europeias, tendo sido , praticamente, o primeiro a estabelecer as regras ou "leis" que permitiriam esclarecer mudanças fonéticas ocorridas na evolução das diferentes línguas indo-europeias a partir de uma origem comum, como se pode verificar em seus penetrantes estudos sobre o norueguês e o inglês arcaico e, mais especialmente, sobre o zende ou persa antigo. Ramus Rask não teve a boa sorte de divulgar sua obra em tempo oportuno, em parte pela necessidade de tradução de seus textos, escritos em língua pouco acessível, como o dinamarquês, em parte por sua morte prematura (1787-1832) Ou ainda o célebre compilador de contos de fadas, Jacob Grimm (1785-1863), que, com a sua *Deutsche Grammatik*, demonstrou a importância da perspectiva histórica no estudo da evolução fonética dos dialetos.

Mas, a despeito de todo esse pioneirismo, é Franz Bopp que leva o título de fundador definitivo da Gramática Histórico-Comparativa, com dois lances decisivos para a história da Linguística indo-europeia (Leroy, 1971: 31). O primeiro foi a publicação, em 1816, de *Über das Conjugationsystem der Sanskritsprache in Vergleichung mit jenem griechischen, lateinischen, persischen uns germanischen Sprache* (Sobre o sistema de conjugação sânscrita comparado ao das línguas grega, latina, persa e germânica), em que Bopp se empenha em demonstrar como o sânscrito é a língua que melhor ilustra a estrutura do indo-europeu. Consequentemente, segundo Bopp, estará mais preservada a língua cuja estrutura apresentar mais afinidade com a do sânscrito. É o caso do grego, do latim e do germânico, citados reiteradamente por Bopp como línguas mais "puras", justamente por estarem mais próximas do sânscrito.

O segundo lance foi a publicação, em 1833, da *Vergleichende Grammatik des Sanskrits, Zend, Griechischen, Lateinischen, Gothischen und Deutschen* (Gramática comparada do sânscrito, zende, grego, latim, lituano, gótico e alemão*)*. A repercussão das ideias de Bopp foi tal que a referida obra mereceu uma segunda edição em 1857 e uma tradução francesa que, levada a efeito em 1866 por Michel Bréal, competente linguista francês, foi reeditada em 1885, com o título de *Grammaire comparée des langues indo-européennes, comprenant le sanskrit, le zend, l'arménien, le grec, le latin, le lithuanien, l'ancien slave, le gothique et l'allemand* (Gramática comparada das línguas indo-europeias, abrangendo sânscrito, zende, armênio, grego, latim, lituano, eslavo antigo, gótico e alemão). Evidentemente, a publicação em francês contribuiu para difundir os trabalhos de Bopp por toda a Europa.

Nessa obra tão prestigiosa e cuja influência sobre as concepções linguísticas da época foi de um considerável alcance, Bopp insistia não só na condição do sânscrito como língua mais antiga e a mais pura, mas também, e sobretudo, no estreito parentesco entre a língua indiana e os dialetos germânicos. A euforia (até mesmo a obsessão!) de Bopp para com a perfeição e a pureza das línguas indo-europeias leva-o a observações muito questionáveis ou, para ser mais preciso, totalmente equivocadas, e cujas funestas consequências já poderiam ser pressentidas, como veremos mais adiante neste capítulo. Tal é o caso da comparação que Bopp procura estabelecer entre as línguas indo-europeias e as semíticas:

> As línguas semíticas são de uma natureza **menos fina**; se fizermos abstração de seu vocabulário e de sua sintaxe, resta somente uma estrutura excessivamente simples. (Bopp, 1833; 1866: 3, grifo meu)

O equívoco – não só de Bopp, mas de toda uma corrente de linguistas comparatistas, sobretudo Schleicher (Leroy, 1971: 34) – consistia na perspectiva de que o indo-europeu, como a língua original, era perfeita em sua estrutura morfológica e sintática; as línguas que provieram do indo-europeu representavam um estágio de simplificação e até de "degeneração". Em consequência, era preciso voltar às origens, reconstruir o indo-europeu e recuperar a perfeição primitiva. Surgiu, então, uma *classificação* de línguas: as mais próximas da origem teriam um considerável grau de perfeição, como o grego, o sânscrito e o germânico. Vale observar que ainda hoje as pessoas são tentadas a estabelecer juízos de valor, ao considerarem, de um lado, o inglês ou alemão como línguas superiores e, de outro lado, falares populares como inferiores. Trata-se de um equívoco, próprio do senso comum. Na verdade, não há línguas inferiores ou superiores. Parece-me oportuno citar as ponderações de Maurice Leroy, atilado linguista belga:

> Querer saber, por exemplo, se Homero (qualquer que seja a realidade que esconda esse nome), caso vivesse na época moderna na Inglaterra, poderia, servindo-se do inglês, criar uma *Ilíada* ou uma *Odisseia* com o mesmo encanto e o mesmo sopro poético. [...]
> Eis questões perfeitamente ociosas. Na verdade, qualquer homem que tenha algo a dizer, pode encontrar, em qualquer língua, a expressão adequada ao seu pensamento [...]. (Leroy, 1971: 67-8)

Infelizmente, as ideias de Bopp sobre a superioridade das línguas indo-europeias assumem o caráter de verdades e vão circular como autênticos clichês no senso comum do pensamento linguístico do século XIX, criando uma lógica casuística, base para o surgimento de alguns grandes mitos sobre a origem dos povos e das línguas, bem como sobre as relações entre língua "pura" e raça "pura", como foi o caso do arianismo.

A partir de uma visão "naturalista" da evolução linguística, Augusto Schleicher edifica todo um aparelho teórico, em sua obra *A língua alemã* (1860), para demonstrar que a evolução do indo-europeu para as línguas indo-europeias se deu de modo semelhante ao crescimento de uma planta: é como se a língua fosse um organismo "natural", com raiz, tronco e ramificações. Para Schleicher, as transformações linguísticas constituíram um "afastamento", uma espécie de degeneração, e era preciso, portanto, voltar ao tronco, à raiz, para reconstituir a origem "pura" das línguas indo-europeias; também aqui, o sânscrito era a língua mais próxima da *raiz* indo-europeia, razão pela qual

Schleicher chegou a escrever fábulas em indo-europeu, tomando por base o vocalismo do sânscrito, em que a vogal predominante era *a* (*Avis Akvasas ca*, "a ovelha e o cavalo"). Ora, na verdade, o sânscrito não era tão arcaizante assim, pois o timbre vocálico constituía uma inovação, como tão bem o demonstrou Ferdinand de Saussure, em 1878, como o seu desbravador trabalho sobre o sistema primitivo de vogais em indo-europeu (Benveniste, 1935: 148; Tulio de Mauro, 1975: 328). Ocorre que, como bem observou Coseriu, a história das ideias linguísticas, em vez de linear e lógica, é uma sequência desordenada e cheia de ocos. Assim é que a lição de Saussure não teve a necessária repercussão na época e o que predominou foi a imagem de um sânscrito arcaico e puro, reforçando a indomania que carregava no seu bojo o mito ariano.

E como nesse mesmo século XIX, no esplendor do movimento romântico, uma certa intelectualidade alemã buscava as suas origens (*Ur*, em alemão) étnicas e linguísticas (a *Ursprünglich Sprache*, "a língua original"), surgiu, então, a *germanomania*, que muito se beneficiou da indomania. Uma explicação das origens do povo e da língua germânica elaborou-se casuisticamente, com a seguinte lógica:

1. O sânscrito, língua falada pelos *aryas*, reflete a pureza do indo-europeu.
2. O alemão está próximo do sânscrito e das origens arianas.
3. O alemão também reflete a pureza ariana.

Resulta daí o arianismo como um conceito étnico-linguístico! E o alemão é apresentado como a língua perfeita de uma raça igualmente perfeita: a raça ariana.

Mas essa "lógica" não deve surpreender o leitor: na verdade, tal concepção étnico-linguística já vem de longe, na história de uma mentalidade "germânica". No século X, após a fundação do "I Reich", já é possível perceber nas palavras do Bispo Liutprando de Cremona um forte sentimento de "germanidade" em oposição a uma "latinidade":

> Nós, os lombardos, os saxões, os francos, os lotaríngios, os bárbaros, os suevos, os borguinhões temos um tal desprezo pelos romanos que, quando procuramos exprimir nossa cólera, não encontramos termo mais injurioso para insultar nossos inimigos do que o de romanos... (Poliakof, 1974: 67)

A consciência étnico-linguística da germanidade pode ser ilustrada pela observação de Notker, o Gago, religioso de Saint-Gall (também do século X), ao estabelecer uma clara distinção entre "nós, que falamos a língua têutisca e os outros que falam idiomas romanos ou eslavos" (Poliakof, 1974: 69). Vale lembrar que o termo "têutisca" ou "teutônica" (em que parece estar presente *theo*, "deus") teria originado *deutsche*, "alemão". Muito oportunamente, Léon Poliakov criticou a suposta relação entre língua e etnia:

> [...] a um milênio de distância, um sentimento comunitário primitivamente expresso em termos de "língua" acabou por ser formulado em termos de "raça", como se estes dois conceitos, intercambiáveis entre si, recobrissem a mesma realidade psico-histórica. (Poliakof, 1974: 69)

Esse sentimento de germanidade, que englobava os conceitos de língua/povo/raça/nação/sangue/origem, foi desencadeando, pouco a pouco, um deslumbramento místico-religioso, como podemos verificar, por exemplo, nas palavras e ideias de:

a. uma discípula da religiosa renana Hildegard von Bingen (século XII), segundo a qual Adão e Eva falavam a "teutônica língua";
b. um médico alsaciano, Lorenz Fries (século XVI), para quem o alemão era superior ao francês, por representar a *ursprünglich Sprach* ("a língua original");
c. Lutero que se vangloriava de poder entender e encontrar Deus "... na língua alemã, que nunca nem eu nem vós pudemos encontrar nem em grego e nem em hebraico..." (Poliakof, 1974: 79).

E, por falar em Lutero, é exatamente na época da Reforma que se configura, com mais nitidez, o mito do *homem alemão*, a partir da relação entre a alegada pureza primitiva da língua e as origens da nação alemã. Como assinalou o historiador Paul Joachinsen, essa obsessão pelo *Ur* ("origem"), isto é, pelo resgate das origens do povo germânico (*germanische Urzeit*), acaba por conduzir "à elaboração de um certo ideal do homem alemão, cujas qualidades [...] repousam nas pretensões hereditárias do poder popular germânico [...] que, no tempo das grandes invasões, abateu o colosso romano" (Poliakof, op. cit.: 80).

Esse vínculo do *homem alemão* com os tempos arcaicos da *Germania* provocará uma fratura definitiva entre a germanidade (*Deutschland*) e a latinidade (ou não germanidade, a *Welchsland*). É o embrião da *germanomania*: a partir do século XVI, historiadores, poetas e filósofos, seduzidos pela miragem da germanidade primitiva, vão proclamar e alimentar o tema recorrente da pureza da língua/raça alemã, até o momento em que, no século XIX, com o avanço da linguística indo-europeia, sobretudo a "descoberta" do sânscrito, a germanomania se cruzará com a indomania, em direção ao mito ariano. Adolf Hitler não estava sozinho, portanto, ao expor, em *Mein Kampf* (*Minha luta*), a superioridade da "raça" *ariana* diante da inferioridade da "raça" semita. Antes de Hitler e com Hitler, houve e há muitas vozes e textos preparando o terreno para a construção de um racismo com bases étnico-linguísticas. Assim é que, por volta de 1750, o considerado primeiro grande poeta da Alemanha moderna, Friedrich Gottlob Klopstock, propõe uma nova cosmogonia, substituindo as musas e deuses gregos pelos mitos e deuses germânicos, ao mesmo tempo em que proclama a pureza da "nossa língua" (*unsere Sprache*), ou melhor, o alemão. Na esteira de Klopstock, o mitólogo Herder e, mais particularmente, seu discípulo Friedrich Graeter semeariam as bases de uma "religião" germânica; Graeter destacaria, por exemplo, as virtudes dos heróis dos *Nibelungen*. Mas, em 1780, a germanomania sai do estágio embrionário e difuso para ser consagrada no pronunciamento do Conde de Hertzberg, perante a Academia de Ciências de Berlim, sobre "as causas da superioridade dos germanos sobre os romanos" (Poliakof, 1970: 92). A partir de então é possível perceber, com a "instalação" da germanomania na história da mentalidade alemã, a frequência com que eclodem as manifestações em prol da pureza e heroísmo ancestrais do homem alemão. Por volta de 1800, Schiller elege o povo alemão como o "núcleo do gênero humano" e profetiza a primazia da língua alemã sobre todas as outras. E Hölderlin sonha com o glorioso passado da Alemanha, cantando o heroísmo e a virilidade de seus guerreiros.

Já no início do século XIX, após a destruição da Prússia, o filósofo Johann Gottlieb Fichte (1762-1814) – mentor da corrente do *idealismo alemão* –, em seu *Reden an die deutsche*

Nation (Discurso à nação alemã), se empenhará em mobilizar a juventude alemã, demonstrando como a filiação com o *Urvolk* ("povo original") e com a *Ursprach* ("língua original") conferia a essa mesma juventude o privilégio de representar a germanidade pura e redentora da humanidade; em tom "bíblico", Fichte advertia os jovens da importância de sua missão: "[...] se sucumbirdes, a humanidade inteira sucumbirá depois de vós [...]" (Poliakof, 1974: 95).

Não deve ser por mera coincidência que Hitler dirá, décadas mais tarde, no capítulo XI, sobre "O povo e a raça", de *Minha luta*, que:

> Tudo o que possuímos hoje, diante de nós, de civilização humana, de produtos de arte, da ciência e da técnica, é quase exclusivamente fruto da atividade criadora dos arianos. Esse fato permite concluir, pela recíproca, e não sem razão, que somente eles foram os fundadores de uma humanidade superior e, consequentemente, que representam o tipo primitivo daquele que entendermos sob o nome de "homem". *O ariano é o Prometeu da humanidade*; a centelha divina do gênio brotou sempre de sua fronte luminosa [...]. Se fizéssemos o ariano desaparecer, uma profunda escuridão desceria sobre a terra; em alguns séculos, a civilização humana se dissiparia e o mundo se tornaria um deserto. (Hitler, 1983: 188; s/d: 289, grifos meus)

Cabe insistir: Hitler nunca esteve sozinho. Sempre foi muito bem cercado por toda uma *intertextualidade* produzida por precursores e "vizinhos". Dentre estes, o conde Joseph Arthur de Gobineau (1816-1882) faria escola com o seu clássico *Essai sur inégalité des races humaines* (Ensaio sobre a desigualdade das raças humanas). Publicada em 1855, a obra de Gobineau, em que se expunha a teoria da supremacia ariana, suscitou reações polêmicas: alguns consideravam um trabalho soberbo, embora mal conhecido, enquanto outros o viam como um texto elitista, próprio de uma nobreza que, em decadência, reclamava a necessidade da preservação da pureza racial. Mas é inegável o seu impacto e a sua influência em intelectuais seduzidos pela *Ur* ("origem") ariana, como o compositor Richard Wagner e, mais especialmente, seu genro Houston Stuart Chamberlain (1855-1927), autor do apaixonadamente racista *La Genèse du XIXème siècle* (Os fundamentos do século XIX), publicado em 1899. E, quaisquer que fossem as intenções de Gobineau, sua obra desencadearia um surto de ideias e teorias racistas, como adverte, oportunamente, Lydia Flem em *Le Racisme*: "[...] ele não incita ao crime, é muito 'elegante' para tanto; é difícil, entretanto, negar que seu Ensaio seja racista" (Flem, 1985: 105).

Com efeito, ao defender a hegemonia da raça branca, Gobineau sustenta a tese de que somente os brancos, oriundos dos "arianos" e mantidos quase puros até o início da era cristã, possuem "os dois principais elementos de qualquer civilização: uma religião e uma história"; não haveria, portanto, uma verdadeira civilização onde não houvesse dominação de algum ramo ariano. Fica evidente, pois, que, na construção do mito ariano, o papel de Gobineau foi o de formular "cientificamente" a relação entre pureza étnico-linguística e superioridade da raça ariana, apoiando-se nos argumentos inspirados na Linguística indo-europeia e nas ciências da moda, nesse fim do século XIX, a saber, a Craniologia (pela qual se procurava determinar a relação entre o formato do crânio e a superioridade racial) e a Antropologia Física. O *Essai* de Gobineau consolidou-se a tal ponto como referência para as ciências no século XIX que suas ideias nucleares – especialmente, a nítida oposição entre ariano e não ariano/semita – passam a circular como "verdades" definitivas entre os teóricos, ensaístas e pensadores europeus. Para utilizar o luminoso conceito de **dialogismo**, proposto por Bakhtin, estava consagrado o **diálogo antagônico** entre os dois signos, ficando evidente que o *ariano* não existiria sem o seu *avesso*, o semita. Basta lembrar como o historiador francês Ernest Renan (1823-1892) fazia a apologia do arianismo, ao escrever, em 1855, em sua *Histoire générale et système comparé des langues sémitiques* (História geral e sistema comparado das línguas semíticas): "Sou [...] o primeiro a reconhecer que a raça semítica, comparada à raça indo-europeia, represente realmente uma combinação inferior da natureza humana..." (Flem, 1985: 136).

Veja, caro leitor, a força da intertextualidade na medida em que essa declaração de Renan nos remete ao já citado texto de Bopp, quando este assinala a natureza "menos fina" das línguas semíticas quando comparadas às línguas indo-europeias.

Alimentando a fecunda oposição ariano *versus* semita, o jornalista francês Edouard Drumont (1844-1917), em seu *La France juive* (A França judia), publicado em 1886, realizava uma das primeiras sínteses dos temas do moderno antissemitismo: "[...] o semita é mercantilista, cúpido, intrigante, sutil, astuto; o ariano é entusiasta, heroico, cavalheiresco, desinteressado, franco e de uma confiança que chega à ingenuidade [...]" (Flem, 1974: 79).

A obsessão pela "raça" ariana desdobrava-se num discurso impregnado de um nacionalista fanático e discriminatório, a tal ponto que Drumont empenhava-se sempre em fazer figurar a expressão *La France aux français* (A França para os franceses), como subtítulo de seu jornal *La Libre Parole* (A Livre Palavra), o qual, apesar do título, defendia ideias totalitárias e racistas.

A expansão da intertextualidade do arianismo envolverá até mesmo Friedrich Nietzsche (1844-1900). Com efeito, em seu fundamental *O nascimento da tragédia* – publicado em 1871 e reeditado em 1875, com o subtítulo *Helenismo e pessimismo* –, o celebrado filósofo alemão, ao interpretar os mitos de Prometeu e da queda de Adão, evidencia ter incorporado ao seu repertório o par de signos que sustentam o arianismo, a saber, *ariano/semita*. É o que o leitor pode verificar nos seguintes trechos de *O nascimento da tragédia*:

> A lenda de Prometeu é possessão original do conjunto da comunidade dos *povos árias* e documento de sua aptidão para o trágico profundo, sim, talvez não fosse até inverossímil que esse mito, de um modo inerente, tivesse para o *ser ariano* a mesma significação característica que o mito do pecado original tem para o *semítico*, e que entre os dois mitos exista um grau de parentesco como entre irmão e irmã.
> [...] é um áspero pensamento que, através da dignidade que confere ao sacrilégio, contrasta estranhamente com o mito *semítico* do pecado original, em que a curiosidade, a ilusão mentirosa, a sedutibilidade, a cobiça, em suma, uma série de afecções particularmente femininas são vistas como a origem do mal. [...] Assim, *os árias* entendem o sacrilégio como homem e *os semitas* entendem o pecado como mulher, do mesmo modo que o sacrilégio original é perpetrado pelo homem e o pecado original pela mulher. (Nietzsche, 1992: 67-8; grifos meus)

Observe o leitor como somos prisioneiros da intertextualidade, pois aqui Nietzsche reforça o antagonismo do par *ariano/semita* por meio de duas figuras – Prometeu e Adão – carregadas de significados mitológicos e bíblicos. O filósofo considera um "pensamento áspero" o confronto em que Prometeu, como

177

arya, representa o sacrilégio enfrentado com dignidade masculina, enquanto o *semita* Adão é expulso do Paraíso por causa do pecado cometido pela mulher. Apesar de sua visão crítica, Nietzsche nos oferece um índice de que, para a cultura da época, era *natural* utilizar os signos *ariano* e *semita*. E não deixa de ser significativo o fato de que Hitler, em *Minha luta*, recorreu à figura de Prometeu como uma metáfora para realçar as qualidades do ariano: "O ariano é o Prometeu da humanidade; a centelha divina do gênio brotou sempre de sua fronte luminosa..." (Hitler, 1983: 188-9; s/d: 289).

A referência a Prometeu permite-nos supor que Hitler, certamente, foi influenciado pela intertextualidade da cultura da época, uma vez que ele "[...] não dispunha de ideias pessoais, menos ainda de uma ideologia pertinente [...]" (Jäckel, 1973: 11).

Nesse quadro geral do ideário racista, vale assinalar que, se a superioridade física dos arianos tinha sido "comprovada" pelos estudos "científicos" da Craniologia e da Antropologia Física, os próprios craniólogos e antropólogos, como Paul Broca (1824-88) ou Adolf Bastian (1826-1905), reconheceriam a contribuição inevitável (embora não necessariamente premeditada) da Linguística e da Filologia indo-europeia para a teoria racista do arianismo. Para Broca, os antropólogos eram tributários dos linguistas; para Bastian, que saudava "a tirania dos sanscritistas", a Filologia substituía com vantagem a Craniologia. (Poliakof, 1974: 243-45; Flem, 1985: 42-4).

É por esse tortuoso itinerário que chegaremos à consagração da ideologia racista com o já citado *Os fundamentos do século XIX*, de Houston Stuart Chamberlain, que afirmava, como defensor incondicional do arianismo: "[...] mesmo se fosse provado que jamais houve raça ariana no passado, queremos que haja uma no futuro: para homens de ação, eis um ponto de vista decisivo..." (Flem, 1985: 49).

Para o imperador Guilherme II, seu correspondente durante mais de vinte anos, Chamberlain defendia ardentemente um "arianismo germânico original" como o caminho a seguir para a salvação da Alemanha e, consequentemente, do gênero humano. Nessa prolífica intertextualidade quase interminável, a doutrina de Chamberlain desembocaria no *Der Mythus des zwanzigsten Jahrhunderts* (O mito do século XX), uma espécie de síntese do racismo nazista, publicado em 1930 por Alfred Rosenberg, dirigente e "filósofo" do partido nazista. A reedição dessa obra pode ilustrar bem a continuidade ou até mesmo a permanência dos ideais ariano-nazistas na atualidade: efetivamente, *O mito do século XX*, publicado em 1986 pela editora Avalon, de Paris, trazia na página VI a seguinte dedicatória: "em memória dos dois milhões de heróis alemães, que tombaram durante a guerra mundial pela salvação da alma alemã e pela honra e liberdade do Reich germânico".

Para completar o cerco dos "vizinhos" de Hitler, é oportuno citar o poeta vienense Otto Weininger, que, nascido em 1881, suicidou-se em 1904, por... ódio de si mesmo (*Selbest Hass*); usando de uma argumentação estranha, para não dizer absurda e típica de uma personagem de Ionesco, Weininger estabelece uma relação entre feminilidade e judaísmo (Flem, 1985: 185).

Coincidentemente, em *Minha luta*, Hitler apontará o traço feminino como uma característica da fragilidade do não ariano e, mais particularmente, do semita.

Mas não deixa de ser notável, e doloroso, observar que toda essa celebração da pureza e da superioridade étnico-linguística do ariano-alemão não é coisa do passado longínquo! Em 1966, numa famosa entrevista concedida à revista alemã *Der Spiegel*, ninguém menos que Martin Heidegger defendendo a excelência da língua alemã, diria tranquila e convictamente:

> Penso num parentesco particular que existe, no interior da língua alemã com a língua dos gregos e com o seu pensamento. É algo que os franceses hoje me confirmam o tempo inteiro. Quando eles começam a pensar, falam alemão... (Réponses et questions sur l'histoire et la politique, *Mercure de France*, 1968)

Como já dissermos aqui, por mais de uma vez, *Minha luta*, de Hitler, não é um produto isolado: trata-se de um texto resultante de um cruzamento de vários outros textos, até mesmo de Heidegger. E parece-nos pertinente lembrar também que o sonho do indo-europeu como língua primordial e pura, falado pelos *aryas*, ainda é acalentado por alguns estudiosos. Ocorre que, apesar do caráter hipotético do indo-europeu, há linguistas que sustentam a tese do *povo indo-europeu*, obcecados pela ideia de reconstruir as origens *autênticas* das línguas e da civilização indo-europeia ou ariano-europeia. É o caso do livro *Les indo-européens* (Os indo-europeus), de Jean Haudry, professor na França (Universidade de Lyon III). O problema é que essa busca do povo *original* tem correlações com temas tais como origens autênticas de um povo, a pureza racial, o nacionalismo e, por extensão, a discriminação, o segregacionismo, o racismo... temas caros ao partido racista na França, o Front National Populaire. O germe do arianismo, portanto, continua pulsando. E a miragem totalitária também.

Bem, é desnecessário enumerar aqui as consequências práticas de toda essa ideologia linguístico-étnico-racista.

Certamente não foram acontecimentos muito lisonjeiros para a história da humanidade. Mas não deixa de ser pelo menos irônico lembrar aqui um pormenor que retoma, em toda a sua inteireza, o tema deste capítulo. De fato, como é melancólico contemplar aquela advertência zelosamente colocada num banco de jardim, em pleno apogeu do nazismo: *NUR FÜR ARIER*, isto é, "só para arianos".

Eis aí uma dura lição para os teóricos, ensaístas, intelectuais e, particularmente, linguistas e filólogos. Isolados e alienados entre as quatro paredes de mundo pretensamente científico, desinteressado ou não consciente dos desdobramentos, explorações ou "barateamentos" de descobertas aparente e momentaneamente "luminosas", podemos enveredar por caminhos sinuosos. É aqui, então, que adquire pleno sentido o sinistro aviso da empregada do professor em *A lição*, de Ionesco, que abre este capítulo na epígrafe. Ao constatar que o professor, em suas *entusiasmadas* aulas particulares de "doutorado total" em Aritmética e, sobretudo, Filologia, acabara de assassinar mais uma aluna, a zelosa doméstica adverte o seu patrão "filólogo" quanto às consequências do ensino da Filologia: "*L'Arithmétique mène à la Philologie, et la Philologie mène au crime...*" (A Aritmética leva à Filologia e a Filologia leva ao crime) (Ionesco, 1994).

Nós diríamos que não só a Aritmética e a Filologia levam ao crime. Na verdade, a Linguística, a Semiótica e tantas outras ciências também podem levar ao crime.

A função dos signos no exercício do poder totalitário

> *"Aprendemos rapidamente que os hóspedes do Campo dividem-se em três categorias: os criminosos, os políticos e os judeus. Todos vestem roupa listrada, todos são Häftlinge [prisioneiros], mas os criminosos levam, ao lado do número, costurado no casaco, um triângulo verde; os políticos, um triângulo vermelho; os judeus, que formam a grande maioria, levam a estrela judaica, vermelha e amarela. Os ss estão aqui, sim; poucos, porém fora do campo, e raramente aparecem. Nossos verdadeiros patrões são os triângulos verdes..."*
>
> Primo Levi, *É isto um homem?*

O PODER DOS SIGNOS NOS CAMPOS DE CONCENTRAÇÃO NAZISTAS

O poder pode ser exercido por meio de múltiplos instrumentos. Nos campos de concentração nazistas, um dos métodos para controlar os prisioneiros era classificar seu comportamento por meio de signos. Neste capítulo, nosso objetivo é apresentar uma análise semiótica da tabela a seguir, cujos signos eram utilizados pela administração nazista para identificar o perfil dos prisioneiros:

A SEMIÓTICA DO PODER

Controlada por um código de combinações de figuras (triângulo, estrela) e cores (vermelho, verde, amarelo, rosa), essa tabela era um autêntico sistema semiótico, cujos signos indicavam, com minúcia e precisão, as características socioculturais e psicológicas dos detentos, tais como origem étnica, ideologia, comportamento, personalidade etc. Diante dessa tabela, uma questão me pareceu fundamental: como explicar o emprego específico dessas figuras e cores? Um exame mais atento tornou evidente que esse sistema de signos era tributário de outro sistema maior, isto é, o sistema administrativo do campo de concentração e ainda que esse sistema, por sua vez, estava inserido no macrossistema da organização administrativa do nazismo. A tabela de signos, portanto, só poderia ser explicada no quadro do seguinte esquema:

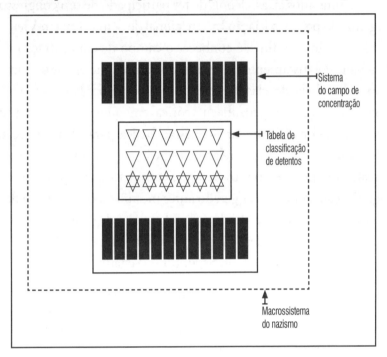

O esquema anterior abre espaço para a análise semiótica, uma vez que, como propõe M. Bakhtin, um microssistema de signos só pode ser compreendido e interpretado no contexto das dimensões socioculturais e ideológicas do macrossistema em que está inserido (Bakhtin, 1992). Foi assim que a análise da tabela classificatória propiciou-me compreender a Semiótica do poder totalitário, praticada até as últimas consequências pelo Estado nazista. Compreender o sistema de signos dos prisioneiros é compreender como a Semiótica do poder pode instalar-se e, pouco a pouco, ser aceita como "normal".

PRESSUPOSTOS TEÓRICOS PARA A ANÁLISE SEMIÓTICA DA TABELA CLASSIFICATÓRIA

Alguns anos atrás, depois de ter participado de um congresso organizado pela Associação Internacional de Semiótica, em Viena, fui à Alemanha, a fim de conhecer o campo de concentração de Dachau. Foi justamente no museu do campo que encontrei uma cópia da tabela de classificação dos prisioneiros. Esse "achado" coincidiu com a encruzilhada teórica em que me encontrava; estava preocupado com uma questão básica para a investigação linguística e semiótica: as relações entre os signos, a significação e a realidade. De meu ponto de vista, considero que o processo da significação começa a ser gerado antes mesmo da constituição dos signos; ele seria desencadeado por toda uma rede de estereótipos e "corredores" semânticos, criados por nossas práticas culturais ou, melhor dizendo, pela *práxis*. Segundo A. Schaff:

> [...] a estrutura da percepção sensorial, o modo de articulação pelos sentidos do mundo exterior dependem dos esquemas conceituais que foram adquiridos nos processos cognitivos do mundo [...].
> [...]
> [...] os conteúdos e os modos de percepção e de conhecimento humano dependem igualmente do gênero da prática [...] de que dispõe o homem [...]. (Schaff, 1974: 182 e 221)

A partir dessas considerações, pareceu-me razoável supor que, na dimensão da **práxis** vital, o homem *cognoscente* desenvolve, para existir e sobreviver, mecanismos não verbais de identificação e de diferenciação; para mover-se no tempo e no espaço de sua comunidade, o indivíduo estabelece e articula traços de identificação e diferenciação com os quais ele começa a reconhecer e a selecionar, por entre os estímulos do universo amorfo e contínuo da realidade, as cores, as formas, os sons, as funções, os espaços e os tempos necessários para sua sobrevivência. Esses traços discriminatórios e seletivos acabam por adquirir, no contexto da *práxis*, valores positivos ou meliorativos por oposição a valores negativos ou pejorativos; é assim que os traços de identificação e de diferenciação, impregnados de valores meliorativos ou pejorativos, transformam-se em traços ideológicos. Aqui eclode a semiose (ou o processo da significação: os traços ideológicos desencadearam toda uma configuração de "moldes" ou "corredores semânticos" por meio dos quais escorrerão as linhas fundamentais da significação, ou melhor, *as isotopias* (ou corredores isotópicos) da cultura de uma comunidade. Em nossa cultura, por exemplo, *estar de pé* ou *em posição vertical* é um traço meliorativo, enquanto *estar deitado* ou *em posição horizontal* teria, em princípio, um valor pejorativo; os corredores semânticos ou isotópicos da verticalidade meliorativa *versus* a horizontalidade pejorativa se formam por meio desses traços ideológicos. Assim, na arquitetura das catedrais góticas, das pirâmides maias ou dos arranha-céus das grandes cidades, a verticalidade é um signo evidente de *superioridade* ou de *majestade*. É pertinente mencionar os grandes corredores isotópicos que recortam o universo de formas, cores e espaços em nossas comunidades: superioridade meliorativa *versus* inferioridade pejorativa, anterioridade meliorativa *versus* posterioridade pejorativa, retitude meliorativa *versus* sinuosidade pejorativa, dureza meliorativa *vs.* moleza pejorativa, branquidade meliorativa *versus* escuridade pejorativa etc. São justamente esses corredores semânticos ou isotópicos que vão balizar nossa percepção/cognição, criando os modelos perceptivos ou *óculos sociais*. Segundo Schaff: "[...] o indivíduo percebe o mundo e o capta intelectualmente por meio de óculos sociais [...]" (1974: 223).

Tais modelos perceptivos ou óculos sociais constituem, em última análise, os estereótipos de percepção. E é com esses estereótipos produzidos pelos corredores isotópicos que nós vemos a realidade e fabricamos o referente, conforme o seguinte esquema:

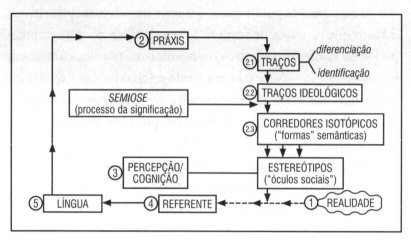

Esse aparelho teórico é o fundamento de meu ensaio sobre o caso de *Kaspar Hauser* (Blikstein, 2018: 62).

Resumindo o processo da significação, teríamos, primeiramente, a formação de uma **práxis** (ou práticas culturais) por meio de traços ideológicos de identificação e de diferenciação; tais traços, por sua vez, criarão os corredores semânticos ou isotópicos meliorativos ou pejorativos (alto/baixo, branco/negro, de pé/deitado, reto/sinuoso, vertical/horizontal, superior/inferior etc.). Esses corredores ou isotopias produziram os estereótipos de nossa percepção/cognição, moldando ou *fabricando* a realidade, ou melhor, o referente. É a esse referente ou "real" que estão ligados os signos e símbolos dos sistemas semióticos.

A *PRÁXIS* NAZISTA: ARIANO X SEMITA

A doutrina nazista está baseada na exaltação do indivíduo simples, forte, ereto, ligado à vida pura do campo e cercado pela natureza; era necessário evitar os pretensos intelectuais, poluídos e corrompidos pelo individualismo e por ideias políticas voltadas para liberdade e democracia. O nazismo aplicará essa doutrina até as últimas consequências. É preciso observar que o contexto político, econômico e social da Alemanha exigia uma doutrina forte, capaz de recuperar o moral do povo, devastado pela guerra, a desunião, a miséria, a fome e as ideologias subversivas. A recuperação, a purificação, a força e a necessidade de união começaram a moldar os grandes corredores isotópicos com os quais a doutrina nazista se estruturou.

Esses corredores foram atados por um traço semântico que lhes deu consistência e coerência: o mito do arianismo. Partindo de uma discutível teoria linguística a respeito do indo-europeu (ou indo-germânico, segundo as preferências dos linguistas alemães), os termos *ariano* e *arianismo* derivam da palavra sânscrita *arya* ("homem de casta superior", "leal", "nobre", "honrado"), a qual designava uma primeira tribo indo-europeia; *arya* representaria o primeiro estágio de uma raça pura que falaria uma língua perfeita: o *indo-ariano*. Por um autêntico *tour de force*, alguns linguistas (alemães, sobretudo!), como Bopp (1866: 3), consideravam que a língua alemã – que pertencia ao ramo indo-europeu – se encontraria bem próxima desse nível de perfeição: daí para estabelecer uma relação *natural* e *lógica* entre raça pura e língua pura bastou apenas um passo adiante. O povo germânico representaria o *arya* ou *ariano*: puro, branco, forte e inteligente. Em oposição ao ariano, a doutrina nazista encontrou no semita as características negativas que permitiriam evidenciar os traços meliorativos do arianismo; assim, enquanto, de um lado, o ariano representava a pureza, a branquitude, a retitude, o contato com a natureza, o judeu, por sua vez, representava a corrupção, a escuridade, a sinuosidade, as cercanias sombrias da cidade. Do lado ariano reinaria a saúde, enquanto o semita seria a própria doença; os arianos estariam ligados à terra e seu sangue não teria sido corrompido (daí a expressão usada pela retórica nazista, em defesa do sangue e da terra ariana: *Blut und Boden*), mas os degenerados semitas viveriam num ambiente artificial, sombrio e deteriorado.

Essas oposições entre os corredores isotópicos dos arianos e dos semitas vão refletir-se nos vários tipos de discursos produzidos pelo nazismo; neles aparecem, com muita nitidez, os traços semânticos da ordem, do alinhamento, da pureza, da retitude, da verticalidade etc. em todos os atos de comunicação nazistas, tais como: os desfiles militares, as exibições de armamentos de guerra, a atitude ereta e vertical, assim como o olhar corajoso e puro dos soldados nos cartazes e filmes, os rostos e a expressão corporal dos atletas filmados por Leni Riefenstahl nos Jogos Olímpicos de 1936 (Bach, 2008), os vários signos e símbolos dos mitos teuto-arianos, criados pela propaganda nazista.

Em oposição às representações do ariano, essa mesma propaganda nazista mostrava o semita como um ser torto, sinuoso, sombrio, sujo e corrompido.

OS CAMPOS DE CONCENTRAÇÃO: O CENÁRIO DA *PRÁXIS* NAZISTA

Todos esses pressupostos teóricos devem ter tido uma forte influência no modo pelo qual comecei a perceber o campo de concentração de Dachau. Com efeito, na medida em que percorria o espaço de Dachau e observava os restos bem conservados num dos mais completos universos concentracionários do sistema nazista – Dachau abrange praticamente todo o período nazista, de 1933 a 1945 –, pude constatar como a organização e o planejamento do campo traduziam exatamente toda a estrutura dos corredores semânticos ou isotópicos criados pela *práxis* nazista: verticalidade, alinhamento, retitude, pureza, limpeza etc. Em suma, Dachau (e outros campos, sobretudo Auschwitz-Birkenau) – no planejamento de seu espaço residencial, na divisão e organização dos trabalhos e tarefas dos prisioneiros, em seu *modus vivendi* – era controlado exatamente pelos corredores isotópicos do arianismo. Tal controle se realizava semioticamente por meio de signos verbais e não verbais (gestos, movimentos corporais, espaços, distâncias, tempos). O discurso verbal do nazismo servia para reforçar permanentemente as isotopias arianistas, assinaladas com toda a fidelidade, por exemplo, no teto do *Wirtschaftsgebäude*, grande edifício de Dachau, onde se encontravam as instalações necessárias à vida no campo: cozinha, chuveiros, armazém de víveres: "*Es gibt einem Weg zur Freiheit. Seine Meilensteine heissen: Gehorsam - Fleiss - Ehrlichkeit - Ordnung - Sauberkeit - Nüchternheit - Wahreit - Opfersinn und Liebe zum Vaterland*" (Existe um caminho para a liberdade. Suas balizas são: obediência - zelo - honestidade - ordem - limpeza - moderação - verdade - espírito de sacrifício e amor pela pátria) (Berben, 1976: 8). Quanto ao controle exercido pelos signos não verbais, basta examinarmos a planta do campo:

SEMIÓTICA E TOTALITARISMO

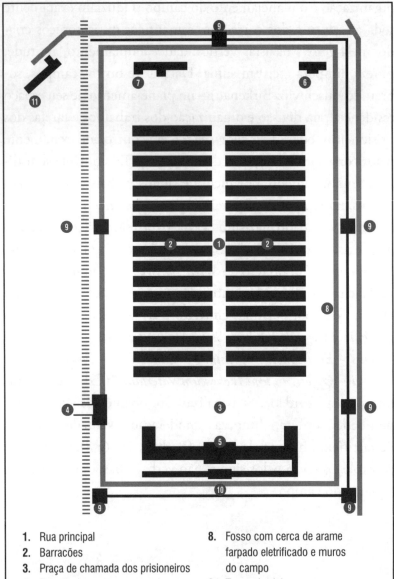

1. Rua principal
2. Barracões
3. Praça de chamada dos prisioneiros
4. Entrada do campo
5. *Wirtschaftsgebäude* (cozinha, chuveiros, armazém de víveres)
6. Bloco de desinfecção
7. Horta
8. Fosso com cerca de arame farpado eletrificado e muros do campo
9. Torres de vigia
10. *Bunker* (abrigo) e barracão de prisioneiros)
11. Crematório

Podemos observar como as torres de vigia constituem o elemento vertical de controle dos prisioneiros; a organização de suas vidas é determinada pela ordem e pelo alinhamento horizontal, desde a disposição e o arranjo espacial dos barracões até a formação na praça de chamada dos detentos, o trabalho organizado, a alimentação, o lazer, a higiene corporal etc. É evidente que a transgressão da ordem, do alinhamento ou da limpeza – a transgressão, portanto, das isotopias da retitude, da verticalidade e da limpeza – seria punida no próprio espaço do campo: tortura na prisão, morte no fosso, nas câmaras de gás e nos crematórios; mas a obediência a esses corredores isotópicos seria recompensada, pois uma inscrição em letras de ferro forjado, colocada na grade do portão da entrada principal do campo, advertia que *O trabalho faz a liberdade* (*Arbeit macht frei*).

É assim, então, que a torre de vigia controlava verticalmente:

Fonte: Illustrieter Beobachter

O "trabalho feliz" (pois *o trabalho faz a liberdade*):

A tortura alinhada e organizada:

Fonte: Zentrale Stelle

A disposição horizontal dos blocos e da prisão:

Fonte: Dachau-Archiv

O alinhamento dos prisioneiros:

Fonte: Zentrale Stelle

Em resumo, os campos de concentração eram, antes de tudo, uma construção semiótica fabricada pela *práxis* nazista: o espaço, o tempo, os movimentos e as distâncias (proxêmica), os gestos, a postura e as atitudes corporais ordenadas, alinhadas e eretas (cinésica) eram recortadas pelos corredores isotópicos e estereótipos que exaltavam a ordem, o alinhamento, a verticalidade, a uniformidade, a retitude e a limpeza. A propósito, é bem oportuna a observação de Michel Foucault, em *Vigiar e punir*, ao salientar que, nas prisões, as revoltas eram motivadas pela simples repressão visual dos corpos, no plano cinésico e proxêmico (Foucault, 1977: 32). Os campos de concentração constituem, pois, um exemplo perfeito (e infeliz!) de um microssistema semiótico de poder e de controle totalitário. Na *práxis* nazista, a busca obsessiva por um controle total e absoluto levará a uma oposição coerente entre as isotopias meliorativas do arianismo e as isotopias pejorativas do semita, o qual deve ser eliminado, pois pode contaminar e corromper a pureza ariana; isso explica os vários signos de discriminação criados pelo racismo nazista, como nos bancos dos jardins públicos "*só para arianos*" ou os signos de identificação de judeus exemplificados pelo cartaz abaixo (*Quando você vê esta marca...*):

A OBSESSÃO SEMIÓTICA: A TABELA DE CLASSIFICAÇÃO DOS PRISIONEIROS

A ambição totalitária atinge o paroxismo classificador na criação da tabela a seguir, sobre a qual vão desembocar todos os corredores isotópicos e estereótipos criados pela oposição ariano *versus* semita. Observemos a estrutura semiótica da tabela:

A FUNÇÃO DOS SIGNOS NO EXERCÍCIO DO PODER TOTALITÁRIO

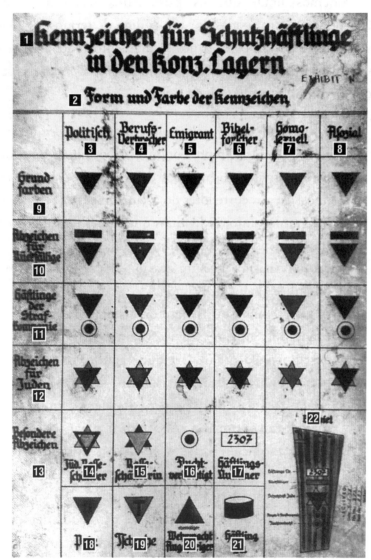

1. Marcas para prisioneiros nos campos de concentração 2. Formas e cores 3. Político 4. Criminoso 5. Emigrante 6. Estudioso da Bíblia (evangélico) 7. Homossexual 8. Associal 9. Cores básicas 10. Marcas para prisioneiros recidivistas 11. Prisioneiros do barracão disciplinar 12. Marcas para judeus 13. Outras marcas 14. Judeus: raça vergonhosa 15. Raças vergonhosas 16. Suspeito de fuga 17. Número do prisioneiro 18. Polonês 19. Tcheco 20. Membro do exército 21. Idade do prisioneiro 22. Exemplo

Podemos notar que os prisioneiros recebem marcas (*Kennzeichen*) estruturadas por um código de termos, de figuras geométricas e de cores, cujos fundamentos podem ser encontrados justamente na ideologia totalitária da *práxis* nazista. Com efeito, podemos constatar que:

a. Os termos *político, criminoso, emigrante, judeu, homossexual e associal* representam estereótipos produzidos pelos corredores isotópicos do semitismo, sempre em oposição aos corredores do arianismo; esses termos indicam, portanto, indivíduos que, sob o ponto de vista social ou psicológico, são marcados – segundo a percepção nazista – por um desvio, uma sinuosidade moral ou uma falta de retitude.

b. A forma que está na base do sistema de figuras é o triângulo. Por quê? Bem, devemos destacar o papel desempenhado pelos corredores isotópicos do arianismo: o homem ideal do nazismo, já o sabemos, é o ariano ereto, vertical, branco, obediente, limpo e alinhado. Em oposição a esse ser ideal, o não ariano é representado pelo judeu torto, sinuoso, sombrio, desobediente, sujo e não alinhado. Podemos compreender então por que a *semiticidade* é o mais negativo corredor isotópico na *práxis* nazista. Consequentemente, a estrela judaica seria o signo mais representativo dos traços ideológicos negativos e, portanto, a melhor marca para os prisioneiros, isto é, os não alinhados. Como havia, entretanto, prisioneiros que não eram judeus, sua marca seria um componente da estrela, a saber, o triângulo; nascido da estrela judaica, emblema da *semiticidade* negativa, o triângulo torna-se o signo ou unidade mínima do sistema de marcas dos prisioneiros.

c. É preciso observar também as isotopias negativas que se encontram por trás do código semiótico das cores: amarelo (referência à covardia) para os judeus, vermelho para os políticos e rosa para os homossexuais (Setterington, 2014: 3-8).

Esperamos que nossa análise possa representar uma pequena contribuição para os estudos sobre o universo concentracionário, na medida em que a Semiótica nos possibilita compreender não somente as relações entre a *práxis*, a ideologia, os estereótipos, os sistemas de signos e símbolos, mas também como toda essa construção ideológica pode ser utilizada pelos sistemas de poder e controle social. Procuramos ilustrar, sobretudo, como nossa percepção pode ser manipulada e condicionada a um tal ponto que passamos a perceber uma "realidade" totalmente fabricada pelos corredores isotópicos ou semânticos. E acreditamos que não seria exagerado afirmar que a tabela de classificação dos prisioneiros dos campos de concentração nazistas nos deixa entrever toda construção ideológica não apenas do nazismo, mas de todo sistema totalitário.

Primo Levi e a desconstrução semiótica da identidade em Auschwitz

*"Despojado como um pária,
na nudez seca de Jó,
Liberto da indumentária
Como está só!
Há na roupa uma presença,
Um elo qualquer, um nó,
que ao sozinho de nascença
Faz menos só".*

Carlos Drummond de Andrade,
"Homem tirando a roupa"

Auschwitz – ou o *anus mundi*, no dizer do historiador L. Poliakov (1964) – operou uma fratura definitiva na história do mundo ocidental. Com Auschwitz, o mundo perdeu o sentido..., ou melhor, assumiu novos sentidos, produzidos pelo discurso dos administradores e dos industriais envolvidos na construção e manutenção dos *Kozentrationslager* ou KL (campos de concentração). Com efeito, na volumosa documentação apresentada por J. C. Pressac sobre a "indústria da morte" montada nos campos de extermínio nazistas, é possível observar a *normalidade*, e até mesmo a *naturalidade*, de que se investiu o discurso dos técnicos que se empenhavam na fabricação de incineradores, cada vez mais eficientes e econômicos, para os prisioneiros de Auschwitz, Dachau, Buchenwald etc.:

> O construtor indicava, sugerindo assim a possibilidade de incineradores em série, que a segunda e a terceira incineração não exigiam nenhum combustível suplementar e que as seguintes poderiam ser praticadas quase sem acréscimo de combustível, apenas com insuflação de ar no crisol. Ele estimava em um hora e meia a duração de incineração de um corpo de 70 kg num caixão de madeira de 35 kg. A partir desses dados, os SS deduziram que incinerar um corpo sem caixão permitiria ganhar uma meia hora e que, de manhã, 100 kg de coque lhes seriam suficientes para reduzir a cinzas uma vintena de corpos durante o dia. (Pressac, 1993: 6)

Tal discurso – que poderia figurar numa peça de Ionesco, Beckett ou Jarry – não seria tão absurdo assim: mudando-se os nomes, o espaço e o tempo, os argumentos usados, em 1939, pelo competente fabricante de fornos industriais, o engenheiro Kurt Prüfer, da Topf und Söhne (empresa vencedora da concorrência para a fabricação de incineradores nos campos de extermínio nazistas), poderiam caber perfeitamente agora na proposta de uma empresa empenhada em persuadir o cliente das vantagens de seu produto; é o que se pode depreender do comentário de Pressac:

> [...] a astúcia do engenheiro Prüfer foi compreender que o ambiente concentracionário não exigia um forno civil inutilizável e ornado de um frontão neogrego em mármore, como o que foi proposto pela empresa Müller, mas um modelo simplificado, eficaz, utilizável... e a preço módico. Um forno móvel (sem isolamento interno e revestido de placas de ferro) com dois crisóis incineradores, movidos a ar insuflado, aquecido a óleo cru e com exaustão forçada... foi sua resposta. Esse modelo... foi instalado em Dachau no final de 1939. Seu rendimento incinerador era estimado em dois corpos por hora. (Pressac, 1993: 7)

A aceitação *natural* dessas vantagens técnicas por parte dos encarregados dos campos de concentração indica a *normalidade* e a coerência com que se foi instaurando a "lógica" de um sistema tão absurdo que falar dele ou tentar explicá-lo pressupõe, de partida, um problema (ou mesmo um impasse) fundamental para a linguística e a semiótica: até que ponto é possível conhecer, por inteiro, a realidade do universo concentracionário? Até onde seria possível relatar, com precisão e objetividade, a experiência nos *Kozentrationslager*? Apesar da afirmação de Émile Benveniste, para quem *a língua é o interpretante de todos os sistemas, linguísticos e não linguísticos* (Benveniste, 1974: 60), como poderia a língua ser o fiel interpretante desse mundo ao mesmo tempo absurdo e... normal?

Sobrevivente de Auschwitz – para onde foi deportado em 1944 –, o escritor italiano Primo Levi observa que, para rebater as teses revisionistas que negam a existência dos campos de extermínio e o genocídio premeditado de milhões de pessoas, "[...] é natural e óbvio que o material mais consistente para a reconstrução da verdade dos campos seja constituído pelas memórias dos sobreviventes..." (Levi, 1990: 4). A preocupação de Primo Levi com a veracidade dos relatos de sobreviventes se justifica plenamente, pois ainda há aqueles que negam a existência de Auschwitz e outros campos de extermínio.

COMENTÁRIO SEMIÓTICO SOBRE A NEGAÇÃO DO HOLOCAUSTO

Com respeito a autores "negacionistas" do Holocausto, é inevitável mencionar – por mais doloroso que seja para a Linguística e a Semiótica – o fato de que ninguém menos do que Noam

Chomsky, o renomado linguista americano, tenha escrito um prefácio para o livro *Mémoire en défense contre ceux qui m'accusent de falsifier l'histoire: La question des chambres à gaz* (Dissertação em defesa contra aqueles que me acusam de falsificar a história: a questão das câmaras de gás, Paris, La Vieille Taupe, 1980), de Robert Faurisson (1929-2018), professor universitário e um dos mais intransigentes negacionistas das câmaras de gás e dos campos de extermínio nazistas. Chomsky foi severamente criticado por Pierre Vidal-Naquet (1930-2006), o célebre historiador e especialista em mitos, da Escola de Altos Estudos da Sorbonne. Para Vidal-Naquet, as incoerências e distorções do livro de Faurisson eram tão evidentes que nem valeria a pena rebatê-las:

> [...] a interpretação [de Faurisson] é uma mentira em toda a força do termo. Se um dia for necessário analisar o resto de suas mentiras e falsidades, com certeza o farei, mas essa operação parece-me de pouco interesse... (Vidal-Naquet, 1991: 94)

Para Vidal-Naquet, muito mais preocupante foi a atitude de Chomsky que, ao defender a liberdade de expressão de Faurisson, acabou prestigiando, com seu prefácio, as falsas demonstrações do negacionista. É o que observa, de modo contundente, Vidal-Naquet:

> Mais perturbador, pois parte de um homem que conseguiu, com razão, um grande prestígio pelo seu valor científico, combinado ao combate corajoso e justo contra a guerra americana no Vietnã, é o prefácio do livro de Faurisson, justamente de autoria de Noam Chomsky. Que sorte grande: sustentar que o genocídio dos judeus é uma "mentira histórica" e ser prefaciado por um linguista ilustre, filho de um professor de hebraico, anarquista e inimigo de todos os imperialismos causa [...] impacto... (Vidal-Naquet, 1991: 94)

Vidal-Naquet lamenta a leviandade de Chomsky ao confessar sua ignorância sobre aspectos fundamentais que envolvem o livro de Faurisson: "Noam Chomsky não leu o livro que prefacia, nem os trabalhos anteriores do autor, nem as críticas que lhe foram feitas, e é incompetente na área que aborda..." (Vidal-Naquet, 1991: 94).

Apesar dessas investidas negacionistas, a literatura memorialista e os depoimentos de sobreviventes apresentam situações que dificilmente podem ser contestadas. Por outro lado, Primo Levi, ele mesmo memorialista de Auschwitz, reconhece os inevitáveis impasses linguísticos e semióticos que enfrentam os sobreviventes ao tentar contar sua experiência no universo concentracionário; esses impasses e bloqueios, como assinala Levi, envolvem diferentes etapas e aspectos do processo comunicacional, como veremos a seguir.

1) Falta de credibilidade da mensagem

A monstruosidade da experiência concentracionária era tal que tanto os opressores como as vítimas tinham consciência da dificuldade que teriam os outros em acreditar nos relatos. Assim, os oficiais nazistas "se divertiam avisando cinicamente os prisioneiros: '[...] ainda que fiquem algumas provas e sobreviva alguém, as pessoas dirão que os fatos narrados são tão monstruosos que não merecem confiança [...] que são exageros da propaganda aliada e acreditarão em nós, que negaremos tudo, e não em vocês" (Levi, 1990: 1). Já os sobreviventes temiam que um sonho se tornasse realidade:

205

> [...] o de terem voltado para casa e contado com paixão e alívio seus sofrimentos passados, dirigindo-se a uma pessoa querida, e de não terem crédito ou mesmo nem serem escutados. Na forma mais típica (e mais cruel), o interlocutor se virava e ia embora silenciosamente. (Levi, 1990: 1)

II) Percepção fragmentária e parcial da realidade

Estar no campo não era condição suficiente para que o prisioneiro percebesse claramente as dimensões e a estrutura do sistema concentracionário:

> [...] nas condições desumanas a que estavam submetidos, era raro que os prisioneiros pudessem adquirir uma visão de conjunto de seu universo. Podia acontecer, sobretudo àqueles que não compreendiam o alemão, que os prisioneiros não soubessem nem mesmo em qual ponto da Europa se achava o *Lager* ["campo"] em que estavam e ao qual tinham chegado após uma viagem massacrante e tortuosa em vagões lacrados. Não sabiam da existência de outros *Lager*, talvez a poucos quilômetros de distância. Não sabiam para quem trabalhavam [...]. (Levi, 1990: 4)

III) Impossibilidade de comunicar a experiência integral

Primo Levi aponta um cruel paradoxo ao observar que os únicos prisioneiros que teriam competência para relatar integralmente sua experiência já não se encontravam mais em condições de fazê-lo... por razões óbvias:

> [...] hoje se pode bem afirmar que a história dos *Lager* foi escrita quase exclusivamente por aqueles que, como eu próprio, não tatearam seu fundo. Quem o fez não voltou, ou então sua capacidade de observação ficou paralisada pelo sofrimento e pela incompreensão. (Levi, 1990: 5)

IV) Diferenças crescentes entre os repertórios dos sobreviventes e dos ouvintes ou leitores

Aí reside, talvez, a barreira crucial entre o relato dos sobreviventes e a percepção dos destinatários. Com o passar dos anos, vai ficando cada vez mais difícil, sobretudo para o repertório de um jovem, entender a origem, a organização e a estrutura dos campos de concentração e de extermínio. Dos alunos de uma escola, para quem expunha a experiência vivida em Auschwitz e, principalmente, a quase absoluta impossibilidade de escapar do campo, Primo Levi recebeu uma verdadeira aula de "técnicas" de fugas espetaculares:

> Meu interlocutor [...] me expôs o plano que arquitetara: aqui, de noite, degolar a sentinela; depois, vestir seu uniforme; correr imediatamente à central e interromper a corrente elétrica, de modo que os holofotes se apagariam e se desativaria a rede de alta tensão; por fim, eu poderia ir embora tranquilo. Acrescentou seriamente: "'Se lhe acontecer de novo, faça como eu disse: verá que consegue". (Levi, 1990: 98)

Considerando que, em virtude dos inevitáveis bloqueios e barreiras, as narrativas dos sobreviventes podem carecer de coerência, precisão e objetividade, pondo-se em questão, portanto, a credibilidade desses depoimentos, aqueles que querem manter viva e verdadeira a memória do Holocausto têm investido na produção de trabalhos científicos, apoiados, por exemplo, na inesgotável documentação liberada pelos Arquivos Centrais de Moscou, em que se expõe, em seus mínimos pormenores técnicos, o planejamento da construção de câmeras de gás e de fornos crematórios. É o caso do já citado trabalho de J. Cl. Pressac (Pressac, 1993), empenhado na coleta de documentos que comprovem, com todas as minúcias técnicas, o funcionamento da *indústria da morte* nos campos nazistas. Mas, por mais inaceitável e impensável que seja, essa precisão técnica pode ser contestada por um contra-argumento "negacionista"! Basta ler o seguinte trecho do *Relatório Leuchter*, publicado por S. Castan, diretor da editora Revisão, de Porto Alegre:

> Relativamente às outras alegadas instalações de execução em Chelmno (caminhões de gás), Belzec, Sobibor, Treblinka e quaisquer outras, devemos observar que o gás de monóxido de carbono foi alegadamente usado. Como examinamos acima, o gás de monóxido de carbono não é gás de execução e o autor acredita que, antes de o gás poder causar efeito, todos teriam sido sufocados. Assim sendo, a melhor opinião do autor, como engenheiro, é a de que ninguém morreu por execução a CO... operando em capacidade máxima, as alegadas câmaras de gás somente [sic!] teriam podido processar 105.688 pessoas em Birkenau, e isso ao decorrer de período muito mais longo. (Castan, 1989: 49)

Como se percebe, a tentativa de provar, de forma objetiva e rigorosa, a existência de câmaras de gás e de crematórios pode esbarrar em objeções de ordem igualmente *objetivas* e *rigorosas* (por mais absurdas e indecentes que sejam), produzindo-se intermináveis polêmicas e escamoteando-se algumas questões que nos parecem essenciais para compreender como Auschwitz foi possível. Na verdade, talvez não seja tão necessário perseguir essa verdade exterior, objetiva e palpável – amplamente comprovada por uma significativa documentação escrita e iconográfica que se produziu e vem sendo produzida no mundo inteiro. Mas, como a distância, no tempo e no espaço, não nos permite ter um conhecimento total da realidade objetiva dos campos de concentração, talvez seja muito mais convincente e contundente, no momento atual, penetrarmos na *verdade subjetiva*, ou melhor, na verdade *interna* do universo concentracionário, isto é, no mundo interior dos prisioneiros: afinal, como viviam? Como acordavam, como passavam o dia e se alimentavam? Como dormiam e satisfaziam suas necessidades? Como cuidavam do corpo, como se sentiam, o que percebiam e o que pensavam? Diante da "lógica" do sistema, talvez essas questões sejam até mais pertinentes do que a realidade externa e objetiva. E aí a Semiótica pode ajudar muito na medida em que, ao voltar-se para a constituição e a significação do discurso, ela pode liberar-nos dessa obsessão pelo "verdadeiro", pelo "real", pelo "factual", pelo "preciso": ao debruçar-se sobre o discurso, o olhar semiótico procura captar não só o visível, mas, sobretudo, o inteligível. Em outras palavras, a Semiótica nos permite perceber como atuam as representações sígnicas externas na estrutura interna dos indivíduos. Nesse sentido, Primo Levi não é exatamente um memorialista: trata-se, isto sim, de um autêntico observador semiótico, pois a descrição que faz do sistema concentracionário focaliza particularmente as relações entre as representações sígnicas e a "verdade" interna dos prisioneiros. Com tal enfoque semiótico, Primo Levi consegue demonstrar que a política de extermínio praticada pelo nazismo deu-se antes das câmaras de gás e dos fornos crematórios: a "originalidade" do nazismo – para usar a expressão do historiador Raul Hilberg (Hilberg, 1985) – foi a de, antes de tudo, aniquilar o indivíduo. Essa política de aniquilamento consistiu, como tão bem ilustrou Primo Levi, na destruição da verdade interna do indivíduo a partir da destruição das representações sígnicas externas. Tratou-se, na verdade, de uma desconstrução semiótica do corpo, nas suas três dimensões: a fala, a cinésica (semiótica dos gestos e movimentos corporais) e a proxêmica (semiótica do corpo no espaço). Em *É isto um homem?*, Primo Levi descreve, com um notável distanciamento crítico, como se desenvolve, passo a passo, a sua própria desconstrução semiótica, a começar pela retirada da roupa e dos sapatos. Nas várias etapas do processo (prisão, deportação, viagem de trem, chegada aos campos, internação, iniciação e cotidiano), ocorre uma desmontagem das estruturas sígnicas a tal ponto que o prisioneiro vai perdendo seu referencial semiótico e adquirindo um "novo" repertório (Levi, 1988):

1. Na etapa da prisão, há uma alteração léxico-semântica fundamental; as pessoas passam a ser chamadas de *Stuck* ("peças" ou "pedaços"):

    > Com absurda precisão à qual em breve nos acostumamos, os alemães fizeram a chamada. Ao final – *Wievel Stuck?* ["quantas peças"] – perguntou o sargento, e o cabo, batendo continência, respondeu que as "peças" eram seiscentas e cinquenta, e que *tudo estava em ordem* [...]. (Levi, 1988: 14-15; grifos nossos)

COMENTÁRIO SEMIÓTICO

A frase *tudo estava em ordem* evocou em mim vários textos que dizem respeito ao comportamento das pessoas num Estado totalitário. O fato é que há toda uma intertextualidade cujo eixo é o tema da *banalidade do mal*, proposto, corajosamente, pela filósofa Hannah Arendt (1906-1975), ao interpretar o discurso de autodefesa de Adolf Eichmann (1906-1962), oficial nazista que, em 1960, foi levado a julgamento em Jerusalém, sob a acusação de ser um dos organizadores do Holocausto e de ter cometido crimes contra a humanidade. A tese de Hannah Arendt consistia em perceber Eichmann não como um monstro sanguinário, mas como um indivíduo "normal", medíocre, alienado, obediente, seguidor fiel das ordens superiores (Arendt, 1999). Vale lembrar que Eichmann pertencia à *Schutzstaffel* (Tropa de Proteção), uma organização paramilitar, ligada a Hitler e ao partido nazista, cujo lema era *Meine Ehre heißt Treue* (Minha honra chama-se lealdade) (Steiner, 1988). Ao entronizar a lealdade como qualidade indispensável para o cidadão do Terceiro Reich, esse lema já define a metodologia de dominação e poder do Estado totalitário: a obediência "cega" às leis e regras, sob pena de ser banido, ou melhor, eliminado do Estado nazista (Faye, 1972; Bauman, 1998). Era esse o argumento de autodefesa de Eichmann: estava obedecendo às ordens. Hannah Arendt considerou que essa metodologia pode atingir qualquer ser humano que vive num Estado totalitário, pois o indivíduo, assaltado pelo medo de ser "eliminado" pelo poder, elabora um discurso para justificar seus atos de obediência. Assim se explica a resposta do aplicado cabo que contou as "peças", isto é, os prisioneiros, dentre os quais Primo Levi, que descreve, com precisão, os signos cinésicos da obediência manifestada pelo cabo: "[...] batendo continência, respondeu [...] que tudo estava em ordem [...]".

211

Aplicando o conceito de dialogismo, proposto por Bakhtin, a frase *tudo estava em ordem* está em diálogo antagônico com o avesso do discurso, uma vez que, para Levi e os outros prisioneiros, *nada estava em ordem*. Fica evidente que, num estado totalitário, os indivíduos "obedientes" têm de ater-se apenas às regras e ao cumprimento perfeito da ordem. Trata-se de uma alienação completa, a fim de não enxergar o mundo à sua volta. É, de fato, o mal que pode estar escondido em cada um de nós e do qual não somos conscientes. Reforçando a intertextualidade sobre o comportamento das pessoas num Estado totalitário, tal alienação me traz a lembrança de uma expressão metonímica que esclarece, de modo cristalino, a "cegueira" nossa diante de situações extremas. Trata-se de *O salário do medo* (1953), de Henry-Georges Clouzot, baseado no romance de Georges Arnaud (1950). É a história de quatro indivíduos europeus que, tendo cometido algo ilícito, refugiam-se na Guatemala; ocorre que, perdidos e sem dinheiro, querem voltar para a Europa. O desespero os leva a aceitar uma tarefa extremamente arriscada: como a única maneira de extinguir um enorme incêndio que se alastrou num campo petrolífero seria por meio de um "bafo" ou sopro provocado pela explosão de nitroglicerina, a empresa decide contratar os quatro párias para transportar, em dois caminhões, uma pesada carga desse explosivo. Há um alto risco de explosões pelas péssimas estradas que levam ao campo petrolífero. Durante a viagem, um dos condutores, de nome Jo, decide voltar, o que é interpretado como um índice de covardia. Alvo de zombarias e humilhações, Jo se defende com essa frase metonímica e brilhante, a meu ver: "Vocês ainda não compreenderam que estão sendo pagos para ter medo em lugar dos patrões."

Em situações extremas, quando nossa sobrevivência está em jogo, o *ethos* do ser humano, inevitavelmente, é posto em xeque.

2. Na viagem, surgem as primeiras mudanças na proxêmica, com a redução drástica do espaço e as agressões físicas:

> [...] E lá recebemos as primeiras pancadas... como é que, sem raiva, pode-se bater numa criatura humana? [...] Os vagões eram doze, e nós, seiscentos e cinquenta [...] vagões de carga, trancados por fora, e, dentro, homens, mulheres e crianças socados sem piedade, como mercadoria barata, a caminho do nada [...]. (Levi, 1988: 15)

3. Na chegada ao campo, a cinésica e a proxêmica da automatização e da perda de identidade:

> Emergiram [...] dois grupos de sujeitos estranhos. Caminhavam em linhas de três, com um andar esquisito, atrapalhado, a cabeça baixa, os braços rígidos. Um boné ridículo, uma longa túnica listrada [...]. (Levi, 1988: 19)

4. Durante a internação e a iniciação, surgem o espaço sem sentido, a cinésica da imobilidade, objetos sem função e uma sede infinita:

> Isso é o inferno. Hoje, em nossos dias, o inferno deve ser assim: uma sala grande e vazia, e nós, cansados, de pé, diante de uma torneira gotejante, mas que não tem água potável, esperando algo certamente terrível, e nada acontece [...]. (Levi, 1988: 20)

COMENTÁRIO SEMIÓTICO

Uma breve pesquisa nos indicará uma significativa intertextualidade sobre o conceito de *inferno* na literatura internacional. No caso de Primo Levi, o inferno é o vazio, a sede e o nada. No caso de *Huis-Clos: entre quatro paredes*, de Jean-Paul Sartre, o inferno para Garcin, protagonista da peça, tem dois significados. Como Garcin morre e vai para o inferno, ele pergunta ao "segurança":

> E por que tomaram minha escova de dentes?
> (Sartre, 1964: 13)

Este é o primeiro significado: o inferno é a ausência da escova de dentes.

Mas há outro significado que toca ao *ethos* de Garcin. Como suas companheiras, que também estão no inferno, o consideram, inapelavelmente, um covarde, Garcin irrompe com a seguinte conclusão:

> O inferno são os Outros.
> (Sartre, 1964: 75)

A intertextualidade nos permite, então, perceber a polissemia ou pluralidade de significados de um mesmo signo, criados pelos processos de expansão sintagmática e seleção/ trocas paradigmáticas.

5. A desconstrução continua na proxêmica do alinhamento e na cinésica do desnudamento:

> Devemos formar filas de cinco, deixando um espaço de dois metros entre um e outro; a seguir, despir-nos... (Levi, 1988: 20)

6. O desnudamento completa-se na perda de significado dos sapatos e dos cabelos:

> Chega um sujeito de vassoura que leva os sapatos todos, varrendo-os para fora da porta, todos juntos, numa pilha só. Está maluco, vai misturá-los todos, noventa e seis pares de sapatos... Segundo ato. Quatro homens entram bruscamente com pincéis, navalhas e tesouras para a tosquia... eles simplesmente nos agarram, e num instante estamos barbeados e tosquiados. Com que caras ridículas ficamos sem cabelos... (Levi, 1988: 21)

7. A ausência de qualquer explicação é uma forma de esvaziar a significação da expressão sígnica corporal:

> Por que, então, nos deixam aqui de pé e não nos dão de beber e ninguém nos explica nada; e estamos sem sapatos, sem roupa, com os pés na água, e faz frio, e há cinco dias que viajamos e nem podemos sentar? (Levi, 1988: 22)

8. A iniciação em Auschwitz consistiu, primeiro, nesse esvaziamento semiótico do corpo; uma vez "esvaziados", os prisioneiros deverão construir uma nova semiótica, com novos papéis e significados:

> [...] quem é bom boxeador tem chance de ganhar uma vaga como cozinheiro... quem trabalha bem recebe bônus-prêmios com os quais pode comprar tabaco e sabão... a água, realmente, não é potável, mas... a cada dia recebe-se um café de cevada, só que em geral ninguém o toma, já que a sopa é tão aguada que, sozinha, basta para aplacar a sede [...]. (Levi, 1988: 24)

9. Inseridos no cotidiano do campo, os prisioneiros incorporam novos signos, começando por um batismo que indica, no próprio corpo, sua nova identidade:

> *Häftling* ["prisioneiro"]: aprendi que sou um *Häftling*. Meu nome é 174.517; fomos batizados, levaremos até a morte essa marca tatuada no braço esquerdo. (Levi, 1988: 25)

10. A desconstrução semiótica do corpo e da identidade dos prisioneiros implica, como vimos, a criação de novos signos e funções novas dos objetos, ou melhor, surge uma semiótica nova para

   a. a música: "Uma banda de música [...] toca "Rosamunda", essa canção popular sentimental, e isso nos parece tão absurdo que nos entreolhamos sorrindo com escárnio... A banda, porém, depois de "Rosamunda", continua tocando uma música após outra, e lá aparecem nossos companheiros, voltando em grupos de trabalho. Marcham em filas de cinco, com um andar estranho, não natural, duro, como rígidos bonecos feitos só de ossos; marcham, porém, acompanhando exatamente o ritmo da música" (Levi, 1988: 28).
   b. as figuras geométricas e as cores: "[...] os criminosos levam, ao lado do número, costurado no casaco, um triângulo verde; os políticos, um triângulo vermelho; os judeus, que formam a grande maioria, levam a Estrela de Davi, vermelha e amarela [...]" (Levi, 1988: 31).
   c. os alimentos e os objetos: "Aprendemos o valor dos alimentos; nós também, agora, raspamos o fundo

da gamela, e a seguramos debaixo do queixo quando comemos pão, para não desperdiçar migalhas... Aprendemos que tudo serve: o pedaço de arame, para amarrar os sapatos; os trapos, para envolver os pés; o papel, para forrar (embora proibido) o casaco contra o frio" (Levi, 1988: 31).

d. os costumes, a ética e a cinésica: "Aprendemos que, por outro lado, tudo pode ser roubado... e para evitar isso tivemos que aprender a arte de dormir apoiando a cabeça numa trouxa feita com o casaco e contendo todos os nossos pertences, da gamela aos sapatos" (Levi, 1988: 31-32).

e. os hábitos, o vestuário, a higiene, as unhas e os sapatos: "Inúmeras são as proibições: [...] dormir com o casaco posto, ou sem ceroulas, ou de chapéu na cabeça... sair do Bloco com o casaco desabotoado ou com a gola levantada... Infindáveis e insensatos são os rituais obrigatórios: [...] deve-se arrumar a cama, perfeitamente plana e lisa; passar nos tamancos barrentos a graxa [...] raspar das roupas as manchas de barro [...] à noite, a gente deve submeter-se ao controle dos piolhos e ao da lavagem dos pés aos domingos [...] ao controle geral da sarna e ao dos botões do casaco, que devem ser cinco... Quando as unhas crescem, a gente precisa cortá-las, e isso só pode ser feito com os dentes (quanto às unhas dos pés, basta o atrito dos tamancos)... Se um sapato aperta, a gente deve apresentar-se, à noite, à cerimônia da troca de sapatos... E não é de crer que os sapatos signifiquem pouco, na vida do Campo. *A morte começa pelos sapatos*. Eles se revelaram, para a maioria de nós, verdadeiros instrumentos de tortura que, após umas horas de marcha, criam feridas dolorosas, sujeitas a infecção na certa [...] seus pés incham [...] mas entrar no hospital com o diagnóstico *dicke Füsse* (pés inchados) é sumamente perigoso, já que todos sabem (e especialmente os SS) que dessa doença, aqui, não dá para se curar." (Levi, 1988: 32-33)

Com a frase *A morte começa pelos sapatos*, Primo Levi criou um ícone que sintetiza perfeitamente o pesadelo semiótico do universo concentracionário. Na verdade, o prisioneiro "desconstruído", destituído de suas representações sígnicas pessoais e familiares, já estava morto antes de entrar nas câmaras de gás. Essa é a triste originalidade do nazismo. Mas é oportuno assinalar que essa *morte semiótica* foi o resultado da lógica concentracionária, cuja função era apagar todos os signos de identidade e de individualidade do prisioneiro com a aplicação rigorosa, metódica, regular, redundante e diária de complicadíssimos regulamentos e rituais, resultando daí movimentos desprovidos de sentido e que levavam a lugar nenhum: "Esta será, então, a nossa vida. Cada dia, conforme o ritmo fixado, *Ausrücken* e *Einrücken*, sair e voltar; trabalhar, dormir e comer; adoecer, sarar ou morrer (Levi, 1988: 34).

Ausrücken e Einrücken, sair e entrar, sair e entrar... é uma técnica de aniquilamento corporal tão eficaz que pode derrubar qualquer tese negacionista.

Bibliografia

AMOSSY, R. *Imagens de si no discurso*: a construção do ethos. São Paulo: Contexto, 2011.
ARENDT, H. *Eichmann em Jerusalém*: um relato sobre a banalidade do mal. São Paulo: Companhia das Letras, 1999.
BACH, S. *Leni – The Life and Work of Leni Riefenstahl*. New York: Vintage Books, 2008.
BAKHTIN, M. *Esthétique et théorie du roman*. Paris: Gallimard, 1975.
_____. *Marxismo e filosofia da linguagem*. São Paulo: Hucitec, 1992.
_____. *Toward a Philosophy of the Act*. Austin: University of Texas Press, 1993.
BANDEIRA, M. *Bandeira de bolso*: uma antologia poética. São Paulo: L&PM Pocket, 2010.
BAROFSKY, N. *Bloomberg Markets*. New York: s.l., 2010.
BARROS, D. L. P. *Teoria do discurso*. São Paulo: Atual, 1988.
BARTHES, R. *Mythologies*. Paris: Seuil, 1957.
_____. *Elementos de Semiologia*. São Paulo: Cultrix, 1971.
_____. *Aula*. São Paulo: Cultrix, 1980.
BAUDRILLARD, J. *Semiologia dos objetos*. Petrópolis: Vozes, 1972.
BAUMAN, Z. *Modernidade e holocausto*. Rio de Janeiro: Zahar, 1988.
BEIVIDAS, W. *La sémiologie de Saussure et la sémiotique de Greimas comme épistémologie discursive*: une troisième voie pour la connaissance. Limoges: Lambert-Lucas, 2017.
BENVENISTE, E. *Origines de la formation de noms en indo-européen*. Paris: Adrien-Maisonneuve, 1935.
_____. *Problèmes de linguistique générale*. Paris: Gallimard, 1974, v. II.
BERBEN, P. *Histoire du camp de concentration de Dachau*. Bruxelles: Comité International de Dachau, 1976.
BEYAERT-GESLIN, A. *Sémiotique du design*. Paris: Presses Universitaires de France, 2012.
BLIKSTEIN, I. *Falar em público e convencer*. São Paulo: Contexto, 2016.
_____. *Técnicas de comunicação escrita*. São Paulo: Contexto, 2017.
_____. *Kaspar Hauser ou A fabricação da realidade*. São Paulo: Contexto, 2018.
BOPP, F. *Vergleichende Grammatik des Sanskrit, Zend, Griechischen, Lateinischen, Littauischen, Gothischen und Deutschen*. Berlim: F. Dümller, 1833.
_____. *Grammaire comparée des langues indo-européennes, comprenant le sanskrit, le zend, l'arménien, le grec, le latin, le lithuanien, l'ancien slave, le gothique et l'allemand* (trad. de Michel Bréal). Paris: Impr. Impériale et impr. Nationale, 1866.
BRAIT, B. (Org.). *Bakhtin*: conceitos-chave. São Paulo: Contexto, 2005.

BUYSSENS, E. *Semiologia e comunicação linguística*. São Paulo: Cultrix, 1974.
CARROLL, L. *Alice através do espelho*. São Paulo: Martin Claret, 2007.
CASTAN, S. E. *Acabou o gás!*: o fim de um mito – o relatório Leuchter sobre as alegadas câmaras de gás de Auschwitz, Birkenau e Majdanek. Porto Alegre: Revisão, 1989.
CHOMSKY, A. N. *Topics in the Theory of Generative Grammar*. Haia: Mouton, 1969.
COSERIU, E. *Sistema, norma e fala* (texto enviado para o VII Congresso Internacional de Linguística). Coimbra: Livraria Almedina, 1959.
_____. *Tradición y Novedad en la Ciencia del Lenguaje*. Madrid: Gredos, 1977a.
_____. *El Hombre y su lenguaje*. Madrid: Gredos, 1977b.
_____. *Sistema, norma y tipo. Lecciones de Lingüística General*. Madrid: Gredos, 1981.
DEWEY, J. *How We Think*. New York: D. C. Heath & Company, 1910.
DRUMMOND DE ANDRADE, C. *Obra completa*. Rio de Janeiro: Aguilar, 1967.
_____. *70 Historinhas*. São Paulo: Companhia das Letras, 2016.
ECO, U. *Obra aberta*. São Paulo: Perspectiva, 1968.
_____; SEBEOK, T. *O signo de três*. São Paulo: Perspectiva, 1991.
FAYE, J. P. *Langages totalitaires*. Paris: Hermann, 1972.
FIORIN, J. L. *Introdução ao pensamento de Bakhtin*. São Paulo: Contexto, 2016.
FLAUBERT, G. *Dictionnaire des idées reçues*. Paris: Éditions du Boucher, 2002.
_____. Préface. In: _____. *Bouvard et Pécuchet*. Paris: Garnier-Flammarion, 1966.
FLEM, L. *Le racisme*. Paris: M.A. Editions, 1985.
FOUCAULT, M. *Vigiar e punir*. Petrópolis: Vozes, 1977.
FREIRE, P. *Pedagogia do oprimido*. Rio de Janeiro: Paz e Terra, 1970.
FREUD, S. (1895). Projeto para uma psicologia científica. In: _____. *Obras completas*. v. I. Rio de Janeiro: Imago, 1976.
GOLDHAGEN, D. J. *Os carrascos voluntários de Hitler*: o povo alemão e o holocausto. São Paulo: Companhia das Letras, 1997.
GUIRAUD, P. *A semiologia*. Lisboa: Presença, 1999.
HAUDRY, J. *Les indo-européens*. Paris: Presses Universitaires de France (P.U.F.), 1981.
_____. *L'Indo-européen*. Paris: Presses Universitaires de France (P.U.F.), 1984.
HILBERG, R. *The Destruction of the European Jews*. New York: Holmes & Meier, 1985.
HITLER, A. *Minha Luta (Mein Kampf)*. São Paulo: Moraes, 1983.
_____. *Mon Combat (Mein Kampf)*. Paris: Nouvelles Éditions Latines (trad. J. Gaudefroy-Demombynes e A. Calmette), s/d.
_____. *Mein Kampf*. Munique: Franz Eher, 1933.
_____. *Mein Kampf*. Boston/New York: Mariner Book/Houghton Mifflin Company, 2001.
HJELMSLEV, l. *Prolégomènes à une théorie du langage*. Paris: Minuit, 1971.
IONESCO, E. *La Leçon*. Paris: Gallimard, 1994.
JÄCKEL, E. *Hitler idéologue*. Paris: Gallimard, 1973.
JAKOBSON, R. *Linguística e comunicação*. São Paulo: Cultrix, 1969.
JAMES, W. *Principles of Psychology*. New York: Henry Holt and Company, vol. I, 1890.
KOERNER, E. F. K. *Ferdinand de Saussure*: génesis y evolución de su pensamiento en el marco de la lingüística occidental. Madrid: Gredos, 1982.
LEVI, P. *Afogados e sobreviventes*. São Paulo: Paz e Terra, 1990.
_____. *É isto um homem?* Rio de Janeiro: Rocco, 1988.
LEROY, M. *As grandes correntes da Linguística moderna*. São Paulo: Cultrix, 1971.
LIPPMANN, W. *Opinião pública*. Petrópolis: Vozes, 2008.
MACHADO DE ASSIS, J. M. *Quincas Borba*. Rio de Janeiro/São Paulo/Porto Alegre: Jackson, 1952a.
_____. Cantiga de esponsais. In: _____. *Histórias sem data*. Rio de Janeiro/São Paulo/Porto Alegre: Jackson, 1952b.
_____. Miloca. In: _____. *Histórias românticas*. Rio de Janeiro/São Paulo/Porto Alegre: Jackson, 1957.
MCLUHAN, M. *Os meios de comunicação como extensões do homem*. São Paulo: Cultrix, 1969.

MEILLET, A. *Introduction à l'étude comparative des langues indo-européennes*. Paris: Hachette, 1937, volumes I e II.
MOLES, A. *Teoria da informação e percepção estética*. Rio de Janeiro: Tempo Brasileiro, 1969.
MAURO, T. de. Introdução. In: SAUSSURE, F. de. *Cours de linguistique générale*. Paris: Payot, 1975, pp. X-XVIII.
NIETZSCHE, F. *O nascimento da tragédia ou Helenismo e pessimismo*. Trad. J. Guinsburg. São Paulo: Perspectiva, 1992.
NORMAN, D. A. *Living with Complexity*. Cambridge, Mass.: The MIT Press, 2011.
OGDEN, C. K.; RICHARDS, I. *The Meaning of Meaning*. New York: Hartcourt, 1956.
ORWELL, G. *1984*. São Paulo: Companhia das Letras, 2016.
PAES, J. P. *Um por todos*. São Paulo: Brasiliense, 1986.
PAPERT, S. The Gears of My Childhood. In: *Mindstorms – Children, Computers, and Powerful Ideas*. New York: Basic Books, Inc. Publishers, 1980.
PEIRCE, C. S. *Semiótica*. São Paulo: Perspectiva, 1977.
PIETROFORTE, A. V. S. (Org.). *Ensaios de arte experimental*. São Paulo: Córrego Gepoex, 2018.
PILARD, Ph.; TARDY, M. Entretiens avec Roland Barthes – Sémiologie et Cinéma. In: *Image et Son – Revue du Cinéma*, n. 175. Paris, julho de 1964.
PLATON. *Cratyle*: les belles lettres. Paris: Librairie Garnier Frères, 1950.
POLIAKOF, l. *Auschwitz*. Paris: Gallimard/Julliard, 1964.
_____. *O mito ariano*. São Paulo: Perspectiva, 1974.
PRESSAC, J. C. *Les crématoires d'Auschwitz*. Paris: CNRS Éditions, 1993.
RAFFLER-ENGEL, W. *Aspects of Nonverbal Communication*. Baltimore: University Park Press, 1976.
RAMOS, G. *Infância*. São Paulo: Record, 2008.
_____. *Vidas secas*. São Paulo: Martins, 1968.
_____. *S. Bernardo*. São Paulo: Record, 2013.
ROBINS, R. H. *Breve historia de la lingüística*. Madrid: Paraninfo, 1974.
ROSA, J. G. Os temulentos. In: _____. *Tutameia (Terceiras Histórias)*. Rio de Janeiro: José Olympio, 1968.
_____. *Sagarana*. Rio de Janeiro: Nova Fronteira, 2015.
ROSENBERG, A. *Le Mythe du XXe Siècle*. Paris: Avalon, 1986.
SABINO, F. Albertine Disparue. In: *O homem nu*. Rio de Janeiro: José Olympio, 1973.
SARTRE, J.-P. *Huis-clos suivi de les mouches*. Paris: Gallimard, 1964.
SAUSSURE, F. de. *Cours de linguistique générale*. Paris: Payot, 1975.
_____. *Curso de linguística geral*. São Paulo: Cultrix, 2012.
SCHAFF, A. *Langage et connaissance*. Paris: Anthropos, 1974.
SEGNINI, L. *A liturgia do poder*. São Paulo: Educ, 1988.
SETTERINGTON, K. *Branded by the Pink Triangle*. Toronto: Second Story Press, 2014.
SOLOMON, J. *The Signs of Our Time*. Los Angeles: Jeremy P. Tarcher, 1988.
STCHOUPAK, N.; NITTI, l.; RENOU, L. *Dictionnaire Sanskrit-Français*. Paris: Adrien-Maisonneuve, 1959.
STEELE, C. *Whistling Vivaldi*: How Stereotypes Affect Us and What We Can Do. W. W. Norton & Company, 2010.
STEINER, G. *Linguagem e silêncio*. São Paulo: Companhia das Letras, 1988.
SUDJIC, D. *A linguagem das coisas*. Rio de Janeiro: Intrínseca, 2010.
TAGLIAVINI, C. *Le Origini delle Lingue Neolatine*. Bologna: Casa Editrice Prof. Riccardo Pàtron, 1969.
TATIT, L. A. M. *Semiótica da canção*: melodia e letra. São Paulo: Escuta, 1994
_____; LOPES, I. C. *Elos de melodia e letra*. São Paulo: Ateliê, 2008.
TOLEDO, R. P. *Veja*. São Paulo: 2007.
VIDAL-NAQUET, P. *Les assassins de la mémoire*. Paris: Éditions de la Découverte, 1991.

O autor

Izidoro Blikstein possui graduação e especialização em Letras Clássicas pela Universidade de São Paulo (USP), mestrado em Linguística Comparativa pela Université Lumière Lyon 2, doutorado e livre-docência em Letras pela USP, e é professor titular em Linguística e Semiótica pela mesma instituição. É consultor da Fundação de Amparo à Pesquisa do Estado de São Paulo e professor adjunto da Escola de Administração de Empresas de São Paulo da Fundação Getulio Vargas – SP. Tem experiência na área de Comunicação, atuando com Semiótica e Intertextualidade. Pela Editora Contexto, publicou *Falar em público e convencer*, *Técnicas de comunicação escrita* e *Kaspar Hauser ou a fabricação da realidade*.

GRÁFICA PAYM
Tel. [11] 4392-3344
paym@graficapaym.com.br